마태복음 산상수훈

마태복음 산상수훈

: 헬라어 원문과 신학으로 풀어낸 예수의 천국선언

초 판   2025년 10월 15일

지 은 이 | 이정철
편   집 | 윤득남
펴 낸 곳 | 도디드
출판등록 | 2010년 07년 16일
전   화 | 010-2581-6283
주   소 | 경북 상주시 함창읍 함창로 520
문   의 | gibor31@naver.com
Youtube | www.youtube.com/@martusbible

© 도서출판 도디드 2025
ISBN 979-11-7100-1323

가격: 15,000원

목 차

저자 서문

그 때가 가득찼고 하나님의 그 나라가 이미 가까이 왔다 너희는 회개하고 그 복음을 믿으라(막 1:15)

이는 예수 그리스도의 첫 선포였습니다.

너희는 온 세상 속으로 여기저기 다니며 만민(모든 창조된 자)에게 복음을 전파하라(막 16:15)

이는 예수 그리스도의 마지막 명령이었습니다.

창세 전에 계획하신 자기 백성에 대한 하나님의 뜻은 그의 아들 예수 그리스도를 통한 구속의 경륜이었습니다. 예수 그리스도의 복음 전파 운동입니다. 구속함을 입고 그리스도의 것이 된 자들의 사명은 복음 전파요 죽은 영혼을 살려내는 일입니다.

말씀 앞에 서면 언제나 두렵고 떨림이 있습니다. 30여 년 전부터 저는 신구약 원문 성경 한 구절을 더듬어 읽으며 "하나님의 말씀이 원문 속에 숨겨 둔 빛을 조금이라도 더 선명하게 드러낼 수 있다면 얼마나 좋을까?"라는 소망을 늘 품었습니다. 이후로 저는 강단과 강의실, 그리고 새벽의 서재에서 신구약 본문을 헬라어 히브리어 원어로 풀어내고 삶으로 연결하는 작업을 멈춘 적이 없습니다. 특별히 이번에 아주 쉽게 풀어보는『산상수훈 원어강해』는 그 긴 여정의 작은 이정표입니다.

주변에 성경 주석은 많지만 "본문에서 삶으로"의 다리를 놓는 책은 거의 없는 사실에 늘 아쉬움이 컸습니다. 그래서 저는 네 가지 기둥- 첫째 헬라어 히브리어 원문 분석, 둘째 신학적·문학적 구조 파악, 셋째 본문 역사·배경 탐구, 넷째 오늘날 믿음의 공동체를 향한 실제적 적용 –을 한 호흡으로 엮고자 하였습니다. 독자가 단어의 늬앙스와 구문과 문법적인 요소를 이해하는데 머무르지 않고, 그 뜻이 오늘 자신의 예배·가정·사역 현장에서 왜·어떻게 살아 움직여야 하는지까지 묵상하도록 돕는 것이 이 책의 목표입니다.

이 책을 접하는 독자분들에게 꼭 드리고 싶은 당부의 말씀이 있습니다. 먼저 목회자와 설교자에게 드리는 당부입니다. 본문이 말하도록 돕는 '투명한 해석자'의 태도와 자세를 잃지 마십시오. 신학생에게 드리는 당부입니다. 학문과 경건의 균형 위에 튼튼한 원문 기초를 세우십시오 . 평신도에게 드리는 당부입니다. 늘 '성령에게 구(걸)하는 자'로서 말씀을 펼치되, 즉시 삶으로 순종하십시오.

감사합니다. 먼저 불완전한 필자를 인내로 붙들어 주신 아버지 하나님과 주 예수 그리스도께 영광을 돌립니다. 마르튀스 원어성경연구원의 동역자들은 원고의 부족한 부분을 함께 메웠고, 도서출판 도디드의 편집진은 책이 빛을 볼 수 있도록 세심히 수고해 주었습니다. 무엇보다 사역 현장에서 끊임없이 질문하고 격려해 준 동역자들과 성도들이 없었다면 이 책은 완성되지 못했을 것입니다. 물론 부족한 여분이 많이 있다는 사실 앞에 아쉬움을 금할 수 없습니다.

이 책을 독자들에게 내놓기에 너무 부족하다는 것을 고백합니다. 진실로 하나님의 말씀 하나하나는 깊고 넓은 바다와 같아, 다만 얕은 물가를 안내했을 뿐입니다. 오·탈자와 해석상의 미비는 전적으로 저의 부족함이며, 독자 여러분의 따뜻한 지적을 겸허히 기다립니다.

　부디 이 책이 "빛을 받아 비추는 자, 생명을 주어 살려내는 자"라는 그리스도의 사명이 여러분의 일상 속에 태워지는 작은 불씨가 되기를 바랍니다. 진리의 말씀의 언덕에서 함께 울고 웃으며, 마지막 날까지 "우리의 주인이시요 소유주이신 예수 그리스도"를 증언하는 동역자가 되기를 기도합니다.

2025년 10월
마르튀스 원어성경연구원장 이정철 목사 드림

편집자 서문

빛을 따라 산다는 것 – 본문과 삶의 깊은 조우

마르튀스 원어성경연구원에서 기획하는 이 시리즈는 단순히 성경 본문을 해설하는 책이 아닙니다. 이 책은 말씀의 언어가 사람의 삶이 되기까지의 거룩한 여정을 보여주는, 깊고도 살아 있는 해석의 기록입니다. 본서는 본문들을 헬라어 원문 분석, 신학적 구조 이해, 역사적 맥락 탐구, 영적 실제 적용이라는 네 개의 축으로 풀어냅니다.

많은 주석서들이 학문적 깊이 안에서 멈추는 반면, 이 책은 헬라어 문법과 신학적 해석을 바탕으로 하되, 그것을 독자들의 실제 삶과 목회 현장, 말씀 묵상과 공동체 적용에 이르기까지 이어주고 있습니다. 다시 말해, 이 책은 교단과 전공을 초월하여 "말씀이 삶을 이끈다"는 진리를 신실하게 구현하고 있습니다.

이 책의 가장 큰 강섬은 다음과 같은 지점에서 찾을 수 있습니다.

[이 책의 차별점과 장점]

구분	내용
원문 기반 해석	모든 본문은 헬라어 원문을 중심으로 분석되며, 문법적 뉘앙스, 시제, 어법, 강조 구조가 상세하게 설명되어 일반 주석서 이상의 깊이를 제공합니다.
삶으로 이어지는 적용	단순한 문법 해설에 머무르지 않고, 본문이 오늘날의 그리스도인의 삶에 어떻게 연결되어야 하는지를 설교자적 통찰로 정리합니다.

목회자와 신학생을 위한 실전 자료	설교를 준비하는 목회자, 본문 중심 강해를 고민하는 신학생들에게 실제 설교문 구조와 논리 전개 방식을 제공해줍니다.
본문을 드러내는 방식	강해자는 본문에 자신을 투영하지 않고, 오히려 본문이 말하도록 돕는 '투명한 해석자'의 태도를 견지합니다. 이는 곧 성경 해석의 건강성을 담보합니다.
학문과 신앙의 균형	헬라어 문법과 구조 해설, 역사적 배경 이해, 그리고 교회 전통 속 설교 적용이 하나로 어우러지며, 신학과 경건의 통합을 이룹니다.

오늘날 수많은 주석서들이 시장에 나와 있지만, 이 책은 특별한 자리를 차지하게 될 것입니다. 왜냐하면 이 책은 단지 무엇이 기록되었는가를 말하지 않고, 왜 그것이 우리 삶에 절대적으로 필요한가를 증명하기 때문입니다.

독자 여러분은 이 책을 통해 성경의 본문을 새롭게 만나게 될 것입니다. 그 말씀은 먼 신학의 언어가 아닌, 오늘의 언어로, 나의 영혼을 향한 촉구로 들려올 것입니다. 빛을 받아 비추는 자로, 소금 되어 녹아지는 자로 살아가라는 주님의 명령이 구체적 삶의 실천으로 녹아들기를 소망합니다.

이 책이 그 여정의 첫 발걸음이 되기를 바랍니다.

2025년 10월
편집자
마르튀스 원어성경연구원

01
마태복음과 누가복음의 족보 비교

- 수천 년을 이어온 이름들 속에, 한 이름이 드러납니다.

- 마태는 그 이름을 "아브라함과 다윗의 자손, 예수 그리스도"라 선언합니다.

- 이 족보는 단순한 가계도가 아닙니다.

- 이는 구원의 계보요, 약속의 궤적이며, 하나님 경륜의 역사적 설계도입니다.

1아브라함과 다윗의 자손 예수 그리스도의 계보라 2아브라함이 이삭을 낳고 이삭은 야곱을 낳고 야곱은 유다와 그의 형제들을 낳고 3유다는 다말에게서 베레스와 세라를 낳고 베레스는 헤스론을 낳고 헤스론은 람을 낳고 4람은 아미나답을 낳고 아미나답은 나손을 낳고 나손은 살몬을 낳고 5살몬은 라합에게서 보아스를 낳고 보아스는 룻에게서 오벳을 낳고 오벳은 이새를 낳고 6이새는 다윗왕을 낳으니라 다윗은 우리야의 아내에게서 솔로몬을 낳고 7솔로몬은 르호보암을 낳고 르호보암은 아비야를 낳고 아비야는 아사를 낳고 8아사는 여호사밧을 낳고 여호사밧은 요람을 낳고 요람은 웃시야를 낳고 9웃시야는 요담을 낳고 요담은 아하스를 낳고 아하스는 히스기야를 낳고 10히스기야는 므낫세를 낳고 므낫세는 아몬을 낳고 아몬은 요시야를 낳고 11바벨론으로 사로잡혀 갈 때에 요시야는 여고냐와 그의 형제들을 낳으니라 12바벨론으로 사로잡혀 간 후에 여고냐는 스알디엘을 낳고 스알디엘은 스룹바벨을 낳고 13스룹바벨은 아비훗을 낳고 아비훗은 엘리아김을 낳고 엘리아김은 아소르를 낳고 14아소르는 사독을 낳고 사독은 아킴을 낳고 아킴은 엘리웃을 낳고 15엘리웃은 엘르아살을 낳고 엘르아살은 맛단을 낳고 맛단은 야곱을 낳고 16야곱은 마리아의 남편 요셉을 낳았으니 마리아에게서 그리스도라 칭하는 예수가 나시니라 17그런즉 모든 대 수가 아브라함부터 다윗까지 열네 대요 다윗부터 바벨론으로 사로잡혀 갈 때까지 열네 대요 바벨론으로 사로잡혀 간 후부터 그리스도까지 열네 대더라

오늘은 산상수훈의 팔복 본문으로 들어가기에 앞서, 예수님의 족보에 대해 잠시 살펴보고자 합니다. 마태복음 1장과 누가복음 3장에는 각각 예수님의 족보가 기록되어 있는데, 이 두 족보는 시작점과 서술 방향, 그리고 강조점에 있어 큰 차이를 보입니다. 본 장에서는 원어 성경의 표현을 참고하여 이 차이점을 설명하고, 종종 오해되는 부분들에 대해서도 함께 짚어보도록 하겠습니다.

족보의 구조적 차이

마태복음은 아브라함으로부터 예수님까지 이어지는 하향식 족보로 구성되어 있습니다. 이는 유대인의 족보 형식으로, 구약 성경의 전통을 따르고 있습니다. 반면 누가복음은 예수님으로부터 시작하여 아담, 더 나아가 하나님까지 거슬러 올라가는 상향식 족보입니다. 이는 헬라 문화에서 나타나는 족보의 서술 방식과 유사합니다.

즉, 마태는 유대인 독자들을 대상으로 족보를 기술하였으며, 누가는 헬라인을 염두에 두고 기록한 것으로 보입니다. 족보의 배열 방향 자체가 서로 반대라는 점은 단순한 서술 방식의 차이를 넘어, 각 복음서의 독자와 신학적 메시지에 따른 차이로 이해할 수 있겠습니다.

[족보의 서술방식 비교]

항목	마태복음	누가복음
서술 방향	아브라함 -> 예수 (하향식)	예수 -> 아담 -> 하나님 (상향식)
대상 독자	유대인 중심	헬라인 및 인류 전체
족보 형식	유대식 (구약 전통)	헬라식(역방향 서술)
강조 메시지	다윗 언약의 성취자	하나님의 아들이자 인류의 구속자
구조 구성	14대씩 3단계로 구분	연속적 서술 구조

족보가 강조하는 중심 메시지

마태복음은 아브라함과 다윗을 강조합니다. 1장 1절에서 "아브라함과 다윗의 자손 예수 그리스도의 세계"라고 시작하는데, 이는 예수님이 아브라함의 약속과 다윗 언약의 성취자이심을 보여주기 위함입니다. 즉, 예수님이 메시아로서 정통 왕권을 계승하신 분이라는 점을 드러내고자 합니다.

마태복음 1장 1절에 등장하는 "예수 그리스도의 계보(비블로스 게네세오스 예수 크리스투)"라는 표현은 헬라어에서 두루마리 혹은 책을 의미하는 "비블로스"와, "기노마이(되다)"에서 파생된 "게네세오스"가 결합된 말입니다. 이는 히브리어의 "세페르 톨레도트" 즉, "족보의 책"과 대응됩니다. 여기서 톨레도트는 단순한 인물의 계보(족보)가 아니라, 특정 인물을 중심으로 전개되는 역사적 서술의 구조를 나타냅니다.

마태복음의 족보는 "예수 그리스도의 족보"라 하며, 예수님이 아브라함과 다윗의 후손이라는 사실을 강조합니다. 헬라어 원문에서 사용된 표현들은 '속격 구조'를 사용하고 있어, 예수님이 아브라함과 다윗의 혈통적 후계자임을 드러냅니다. 특히 여기서 사용된 "휘오스(아들)"라는 단어는 법적인 아들, 즉 상속자를 의미하며, 예수님이 정통한 왕권의 계승자임을 부각시키는 데 사용되고 있습니다.

반면 누가복음은 예수님을 하나님의 아들이자 인류의 대표로 묘사합니다. 3장 22절에서 하늘로부터 "너는 내 사랑하는 아들"이라는 음성이 들린 후, 족보가 시작됩니다. 이는 예수님이 단순히 유대 민족의 왕을 넘어, 모든 인류의 구원자이자 하나님의 아들이심을 강조하기 위한 구성이라 하겠습니다.

'14대씩 세 구간'의 상징성

마태복음 1장 17절은 족보를 다음과 같이 세 구간으로 나누고 있습니다.

1) 아브라함부터 다윗까지 14대

2) 다윗부터 바벨론 포로기까지 14대

3) 바벨론 포로기부터 예수 그리스도까지 14대

이 세 구간 구성은 단순한 배열이 아니라, 히브리어 문자들의 숫자 값을 활용하는 게마트리아(Gematria) 원리에 기초한 상징적 구성입니다. '다윗'(D-V-D)의 히브리어 철자값은 각각 4, 6, 4로, 총합이 14입니다. 따라서 14대라는 배열은 예수님이 정통 다윗 왕조의 후계자이심을 강조하기 위한 의도적 장치로 이해할 수 있습니다.

특히 마태복음 족보에서는 '다윗'이라는 이름이 세 번 반복되며(3은 완전수), 1장 1절과 6절에서 그 이름이 강조되고 있습니다. 이는 마태가 예수님을 다윗 언약의 성취자로 분명하게 선포하고자 한 의도로 볼 수 있습니다.

법적 아들로서의 표현

누가복음 3장 22절에서 하나님의 음성이 예수님을 향해 "너는 내 사랑하는 아들"이라고 말씀하실 때, 헬라어로 '휘오스'라는 단어가 사용됩니다. 이는 단순한 자녀('테크논')와는 달리, 법적 상속자 또는 공식적인 대표자로서의 지위를 나타냅니다. 이와 같이 마태복음 역시 예수님을 아브라함과 다윗의 법적 자손으로 묘사함으로써, 메시아로서의 정통성과 합법적 권위를 강조하고 있습니다.

족보 서술 방식의 문화적 배경 차이

이처럼 두 족보의 기록 방식은 단순한 정보 전달이 아닌, 각 복음서가 전달하고자 하는 신학적 메시지와 독자적 배경을 기반으로 구성되어 있다는 점에서 그 깊이가 더욱 크다고 하겠습니다.

예수님의 족보는 단순한 혈통의 기록이 아니라, 하나님께서 인류 구원을 위해 예비하신 섭리의 역사를 드러내는 신학적 문서입니다. 마태복음은 유대적 정체성을 통해 예수님의 메시아성과 정통성을 강조하고 있으며, 누가복음은 보편적 인류 계보를 통해 예수님의 구속 사역을 조명합니다.

이 족보의 이해를 통해 우리는 성경 전체의 일관성과 하나님의 경륜, 그리고 예수 그리스도 안에서 완성된 구원의 계획을 더욱 깊이 묵상하게 됩니다.

다윗과 메시아: '14'의 상징성과 계보의 신학적 의미

신약 성경 마태복음은 예수 그리스도의 족보를 세 구간으로 나누어 각각 14대로 구성하고 있습니다. 아브라함부터 다윗까지 14대, 다윗부터 바벨론 포로기까지 14대, 바벨론 포로기 이후부터 그리스도까지 또 다른 14대입니다(마 1:17). 이는 단순한 역사적 나열이 아니라 신학적, 상징적 의미를 담고 있습니다.

히브리어로 '다윗'은 자음으로 다윗(d-v-d)이라 표기되며, 각 자음에 해당하는 히브리어 숫자값을 더하면 14가 됩니다. 따라서 '14'는 다윗 왕조를 상징하며, 예수님이 다윗의 후손으로서 오신 메시아라는 사실을 강조하는 구조입니다.

또한 외경 제2바룩서에서도 족보를 14대로 정리하고 있음을 통해, 유대 전통 안에서도 이 '14'라는 숫자가 중요한 상징으로 인식되었음을 알 수 있습니다.

예루살렘의 예수님 탄생 기념 교회(동굴 교회)의 바닥에도 14각형 별 문양이 새겨져 있는데, 이는 예수님의 탄생과 다윗 왕조와의 연관성을 시각적으로 드러내는 상징으로 이해할 수 있습니다.

나단의 신탁과 다윗 왕조의 영속성

다윗 언약의 핵심은 사무엘하 7장 14~16절에 기록된 나단 선지자의 신탁에 나타납니다. 하나님은 다윗의 자손에게 영원한 왕권을 약속하셨습니다.

나는 그에게 아버지가 되고 그는 내게 아들이 되리라… 네 집과 네 나라가 내 앞에서 영원히 보존되고 네 왕위가 영원히 견고하리라(삼하 7:14, 16)

이 언약은 단지 다윗 개인이나 그의 직계 후손 솔로몬에게 국한되지 않고, 궁극적으로는 메시아 예수 그리스도를 지칭하는 예언으로 이해됩니다. 실제로 열왕기상 11장 36절에서도 "다윗의 등불은 예루살렘에서 꺼지지 않으리라"고 말씀하시며 다윗 왕조의 지속성(또는 영원성)을 강조하십니다.

이사야서와 '가지'의 상징

이사야 11장 1절에서도 "이새의 줄기에서 한 싹이 나며 그 뿌리에서 한 가지가 나와 결실할 것"이라는 말씀이 있습니다. 여기서 '싹(호테르; 가지에서 나온 싹, 가지)'과 '가지(네체르; 뿌리에서 나온 싹, 가지)'라는 단어는 예수 그리스도를 대표하는 상징으로, '나사렛(헬, 나자렛)'이라는 지명과도 언어적으로 연결됩니다. 나사렛이라는 지명은 바로 이 '네체르(뿌리에서 나온 가지가지)'에서 유래한 것으로 보는 견해가 강하며, 따라서 예수님을 "나사렛 사람 예수"라 부르는 것은 단순한 지리적 의미를 넘어선 메시아적 암시가 있는 것입니다.

올리브나무를 예로 들면, 가지에서 다시 싹이 나와 가지가 되는 경우가 있으며, 뿌리에서도 새로운 싹이 솟아나 가지로 자라기도 합니다. 뿌리에서 나온 싹은 농부가 특별히 골라 묘목으로 사용하며, 이는 구약에서 예표된 메시아의 탄생 방식을 상징적으로 보여줍니다.

목동들이 사용하는 두 종류의 지팡이도 이에 대한 묵상이 가능합니다. 하나는 가지에서 자란 것을 사용하고, 다른 하나는 뿌리에서 나온 가지를 다듬은 것입니다. 전자는 방어용 무기이고, 후자는 양떼 인도용 지팡이로 사용되었으며, 모두 다윗의 자손으로서 목자 되신 그리스도를 예표합니다.

족보의 숫자 문제: 41대인가 42대인가?

마태복음 1장을 살펴보면 세 구간으로 나뉘어진 족보는 각각 14대씩 총 42대여야 합니다.

1. 아브라함부터 다윗까지 - 14대

2. 다윗부터 바벨론 포로 시기까지 - 14대

3. 바벨론 포로 이후부터 예수 그리스도까지 - 14대

그런데 다윗이 두 번째 구간의 시작이자 첫 번째 구간의 마지막 인물로 중복되기 때문에, 실제 인물 수를 세어 보면 41명이라는 계산이 나옵니다. 이로 인해 한 명이 빠졌다는 해석이 발생합니다. 어떤 학자들은 이 한 자리를 예수님 자신으로 보거나, 마리아를 포함하거나, 요셉을 제외하는 등 여러 해석이 존재합니다.

잘못된 전통적 이미지의 극복

우리가 흔히 보는 성화나 예수님의 그림은 종종 고대 이스라엘 문화와는 거리가 있는 로마 후기 양식이나 르네상스 예술에 기반합니다. 예를 들어 다빈치의 <최후의 만찬>은 유대 전통의 식사 형태인 '디귿자형 테이블'과는 전혀 다른 모습이며, 예수님의 목자 그림 또한 실제 목동들이 사용하던 막대기와 지팡이의 형태를 잘못 표현하고 있습니다.

실제 고대 이스라엘 목자는 올리브 나무의 가지와 뿌리에서 나온 가지로 만든 일자형 막대기와 무기용으로 사용된 굵은 막대기를 함께 사용했습니다. 이처럼 예수님께서 '선한 목자'로 묘사되시는 것은 당시 실재했던 목동의 도구와 사역에서 비롯된 상징입니다.

다윗의 이름에 새겨진 메시아의 그림자

성경이 기록한 족보는 단순한 역사 기록을 넘어, 하나님의 언약과 구속사를 드러내는 신학적 선언입니다. 예수님이 다윗의 자손으로 오셨다는 사실은 단지 왕조의 계승이 아니라, 하나님이 인류를 구속하시기 위한 구체적 성취의 방식이었습니다.

'14'라는 숫자는 다윗의 이름에 담긴 하나님의 메시지이며, 예수 그리스도께서 그 언약의 실체이자 성취이심을 보여줍니다. 이 말씀은 유대인에게도, 오늘 우리에게도 똑같이 메시야에 대한 소망과 믿음을 심어주는 복음의 선언입니다.

예수의 그리스도 되심

또한 마태복음 1장 18절에 나오는 "예수 그리스도의 나심은 이러하니라"는 문장은 헬라어 원문에서 '게네시스'라는 단어를 사용합니다. 이 단어는 '탄생' 혹은 '기원'을 의미하며, 이는 단순한 신분 변화가 아닌 역사적 사건으로서의 탄생을 의미합니다. 따라서 이를 "예수의 그리스도 되심은 이러하다"로 해석하는 일부 주장은 문법적으로나 신학적으로 설득력이 떨어집니다. 예수는 본래부터 그리스도이시며, 단지 인간 역사 속에 탄생하신 것입니다.

본래 성경은 "예수 그리스도"라는 명칭을 사용하며, 여기서 '예수'와 '그리스도'는 동격으로 이해되어야 합니다. 하지만 일부에서는 이를 "예수의 그리스도 되심"이라는 표현으로 사용하고 있습니다. 이 표현은 문법적으로도 어색하고, 신학적으로도 주의가 필요합니다.

예수는 이름이며, 그리스도는 직분을 뜻합니다. 곧 예수는 기름 부음을 받은 자로서 메시아의 직분을 수행하신 분이십니다. 헬라어로 '그리스도'는 '크리스토스'로 남성 명사이며, '기름 부음' 자체는 '크리스마'로 중성 명사입니다. 이 크리스마는 요한일서에서 성령을 의미할 때 사용되며, "기름 부음이 너희 안에 거한다"는 구절은 성령의 내주하심을 가리킵니다.

육으로 오신 예수와 영으로 오신 그리스도

요한복음 1장 14절은 "말씀이 육신이 되어 우리 가운데 거하시매"라고 말합니다. 여기서 '말씀'은 로고스이며, '육신'은 '사르크스', '거하시매'는 헬라어로 '스케노오($\sigma\kappa\eta\nu\acute{o}\omega$)'입니다. 이 단어는 장막을 친다는 뜻으로, 하나님의 임재가 인간 가운데 머무셨음을 나타냅니다. 이 표현은 예수님의 성육신 사건을 명확히 드러냅니다.

하지만 예수님이 영으로 오셔서 우리 안에 거하신다고 말할 때, 이는 성령을 가리킵니다. 요한일서에서는 '크리스마(기름부음)'라는 단어를 사용하여, 그리스도께서 성령으로 우리 안에 내주하시는 분임을 밝히고 있습니다.

영지주의적 오류와 정통 기독론

예수께서 육신으로 오신 것을 부정하고 영으로만 오셨다고 주장하는 것은 고대 영지주의적 오류입니다. 도케티즘(가현설)은 이단으로 판명된 견해들입니다. 성경은 말씀이 실제로 육신이 되었다고 선언하며, 예수님의 인성과 신성의 완전성을 강조합니다.

예수가 그리스도가 되셨다는 것은 그분이 하나님의 정하신 메시아로서 이 땅에 실재하신 분이라는 선언입니다.

보혜사 개념

예수님께서 성령을 통해 다시 오시겠다고 약속하신 장면은 요한복음 14~16장에서 반복적으로 나타납니다. 여기에서 성령은 '다른 보혜사(알로스 파라클레토스)'로 언급됩니다. '알로스'는 본질은 같지만 인격적으로 구별되는 '다른 분'을 뜻하며, 이는 삼위일체 교리와 일치합니다. 성경은 예수님 자신도 보혜사로 표현합니다(요일 2:1). 여기에서의 보혜사는 육신으로 오신 예수님을 가리키며, 성령은 예수님의 이름으로 오시는 다른 보혜사입니다.

보혜사($\pi\alpha\rho\acute{\alpha}\kappa\lambda\eta\tau o\varsigma$; 파라클레토스)는 헬라어로 파라($\pi\alpha\rho\alpha$: 곁에) + 칼레오($\kappa\alpha\lambda\acute{\epsilon}\omega$; 부르다)에서 유래한 단어로, 곁에서 돕는 자, 위로자, 중보자, 변호자라는 뜻을 가집니다. 신학적으로는 하나님 앞에서 우리의 편에 서서 우리를 대변하는 자를 의미합니다. 반면에 마귀는 '디아볼로스'로 불리며, 고소자 또는 참소자로서 하나님의 백성을 끊임없이 고발하는 역할을 합니다.

이러한 법정적 구도 속에서 우리는 보혜사이신 예수 그리스도와 성령 하나님의 변호를 받게 됩니다. 육신으로 오신 예수님은 우리가 보는 가운데 직접 사역하셨고, 승천 후에는 성령 하나님께서 보혜사로서 우리 안에 내주하시며 모든 진리를 가르치시고 생각나게 하십니다.

정리하자면, 예수는 그리스도이시며, 성령은 예수님의 보혜사로서의 사역을 이어가시는 분입니다. 예수 그리스도는 처음부터 그리스도이셨고, 육신으로 우리 가운데 거하셨으며, 지금은 성령으로 우리 안에 내주하십니다. 이러한 교리는 신약 전체를 아우르는 중요한 신학적 기초이며, 영지주의적 이단들과는 철저히 구별되어야 합니다.

- 족보는 역사적 계보 이상의 의미를 지니며, 예수 그리스도를 통한 언약 성취와 복음의 시작을 천명한다.
- 마태는 유대 전통, 누가는 인류 전체를 향한 하나님의 구속 계획을 입체적으로 증거한다.
- 이처럼 족보는 단순히 예수님의 출생을 말하지 않는다
- 이는 '누가 오셨는가'에 대한 하늘의 대답이며, '왜 오셨는가'에 대한 역사의 설명이다.
- 우리 각자의 이름도 이 생명의 계보에 속해 있음을 기억하며, 그리스도 안에 새겨진 하나님의 역사를 더욱 깊이 묵상해야 한다.

알파와 오메가의 첫걸음

- 세례는 단순한 의식이 아니었습니다. 요단강에서 하늘이 열리고, 성령이 임하며, 하나님의 음성이 울려 퍼진 순간은 공생애의 시작이자, 삼위일체의 신적 계시였습니다. 이 사건은 예수님의 정체성과 사명이 드러나는 결정적인 전환점이며, 우리 신자 모두가 따라야 할 복음 여정의 원형입니다.

- 헬라어 동사 구조와 구약 예언의 인용을 통해 예수의 메시아적 사역이 공식 선포됩니다.

13이 때에 예수께서 갈릴리로부터 요단 강에 이르러 요한에게 세례를 받으려 하시니 14요한이 말려 이르되 내가 당신에게서 세례를 받아야 할 터인데 당신이 내게로 오시나이까 15예수께서 대답하여 이르시되 이제 허락하라 우리가 이와 같이 하여 모든 의를 이루는 것이 합당하니라 하시니 이에 요한이 허락하는지라 16예수께서 세례를 받으시고 곧 물에서 올라오실새 하늘이 열리고 하나님의 성령이 비둘기 같이 내려 자기 위에 임하심을 보시더니 17하늘로부터 소리가 있어 말씀하시되 이는 내 사랑하는 아들이요 내 기뻐하는 자라 하시니라(마 3:13-17)

알파와 오메가의 신학: 처음이 마지막을 말해준다

성경은 하나님과 주 예수 그리스도를 '처음과 나중', 곧 알파와 오메가,

아르케와 텔로스, 프로토스와 에스카토스라고 선포합니다. 이것은 단순히 시간 순서가 아니라, 모든 시작과 끝을 주관하시는 하나님의 주권을 드러냅니다.

이러한 신학적 개념은 구약과 신약을 관통하며, 종말론적 희망의 근거가 됩니다. 주님은 어제나 오늘이나 영원토록 동일하신 분이시기 때문에, 첫 사건을 통해 마지막을 유추할 수 있습니다.

바로 이러한 의미에서, 예수님의 공생애 시작─곧 세례, 성령 임재, 시험─은 그분의 전 사역과 구속사의 완성을 예견하는 중요한 서막이라 할 수 있습니다.

요단강에서 세례를 받으시다 – 창조주가 피조물에게

예수님께서 나사렛을 떠나 유대 요단강으로 가셔서 요한에게 세례를 받으십니다. 요한은 당황하며 말합니다.

케가 주님께 세례를 받아야 하거늘, 어찌 저에게 오시나이까?

그러나 주님은 말씀하십니다.

이케 허락하라 우리가 이와 같이 하여 모든 의를 이루는 것이 합당하니라

이 말은 곧 하나님의 계획 안에서, 창조주이신 예수님께서 피조물의 손을 통해 하나님의 의를 이루시는 장면임을 보여줍니다. 이 장면은 하나님의 뜻 앞에 순종하는 첫 선언이며, 예수님의 공생애의 공적 개시입니다.

하늘이 열리고 성령이 임하다 – 강한 임재의 시작

[삼위일체의 등장 요소 비교]

구분	등장 인물	사역적 역할
아버지	음성	신적 선언
아들	세례 받음	순종과 공표
성령	비둘기	기름부음과 사역 준비

세례는 회개의 표로 주어졌지만, 죄 없으신 예수님은 이를 통해 하나님의 뜻을 온전히 따르셨고, 인류의 죄를 짊어지는 메시아로서의 사역을 시작하신 것입니다. 그 순간, 하늘이 열리고 하나님의 성령이 비둘기 같이 예수님 위에 임하셨습니다. 헬라어 원문은 이 장면을 더욱 선명하게 보여줍니다.

헬라어 '카타 바이노(καταβαίνω)'는 '강하게 내려오다'라는 의미로, 단순히 내려오는 것이 아니라 신적인 임재의 강력함을 표현합니다.

그 위에 내려오셨다

- '카타바이노(καταβαίνω)"는 단순한 '내려옴'이 아닌 강하고 분명한 임재를 의미합니다.

- 헬라어는 전치사 "카타(κατα)"와 동사 "바이노(βαίνω)"가 결합된 형태로, 단순한 하강이 아닌 신적인 의지에 의한 명확한 강림을 의미합니다.

- '호세이 페리스테란'(ὡσεὶ περιστερὰν): '비둘기 같이'는 성령의 임재를 상징할 뿐 아니라, 구약과 고대 근동 문화 속에서 신의 임재를 상징하는 상징이기도 합니다.

이처럼 성령의 임재는 예수님이 공적으로 하나님의 아들이며, 성령에 의해 기름 부음 받은 자임을 확증하는 사건입니다.

비둘기의 상징과 신학적 의미

비둘기는 고대에서 신의 임재를 상징하는 동물로 사용되었고, 성경에서도 가난한 자들이 드리는 제물로 등장합니다. 또한, 창세기 8장에서 노아의 홍수 이후 평화와 회복을 상징하며 돌아온 비둘기는 감람나무 가지를 물고 왔습니다. 이는 예수 그리스도의 사역이 희생과 회복, 평화의 메시지를 담고 있음을 상징하는 장면입니다.

[비둘기의 상징]

문맥	상징적 의미
노아의 방주(창 8장)	회복, 희망, 새 창조
제물 규례(레 1:14)	가장 낮은 계층의 희생제물
예수 위에 임하심	희생, 임재, 메시아적 사명

또한 비둘기와 관련된 히브리어 표현도 중요한 상징을 포함합니다. 비둘기 요나는 요나 선지자의 이름이기도 하며, '다시 돌아오다'는 회복과 순종의 개념을 담고 있습니다. 예수님 위에 임한 비둘기는 희생자, 기름 부음 받은 자, 하나님의 평화를 가져오는 자로서의 정체성을 보여주는 사인입니다.

이러한 맥락에서 예수님의 세례는 단순한 물속에 잠기는 행위가 아니라, 장차 있을 십자가 고난과 부활의 예표라 할 수 있습니다.

공생애를 향한 공적 신분 선언

세례 이후 하늘로부터 들린 음성은 매우 결정적입니다.

이는 내 사랑하는 아들이요, 내 기뻐하는 자라(마 3:17)

이는 예수님이 하나님의 아들로서 공적으로 선포된 순간입니다. 이 장면은 구약의 두 본문과 연결됩니다:

너는 내 아들이라 오늘 내가 너를 낳았다(시 2:7)

내가 붙드는 나의 종, 내 마음에 기뻐하는 자 곧 내 영을 그에게 주었은즉(사 42:1)

이 선언은 왕적 메시아와 고난받는 종의 정체성을 동시에 드러내는 장면입니다. 그리고 이 선언은 예수님의 전 사역, 특별히 십자가의 길을 지탱하는 근거가 됩니다.

성령의 인도와 광야의 시험

세례 직후 성령께서 예수님을 광야로 이끄십니다. 헬라어 원문에서 "이끌다"는 단어는 "아나고($\dot{\alpha}\nu\dot{\alpha}\gamma\omega$)"로, "위로 인도하다" 또는 "끌어올리다"는 의미가 있습니다. 이는 단순한 장소 이동이 아니라, 영적 고양의 뜻도 내포하고 있습니다.

단어	의미	용례
아나($\dot{\alpha}\nu\alpha$)	위로, 다시	강조된 방향성 표현

아고(ἄγω)	데려가다, 인도하다	수동태 사용시 인도됨을 강조
아네크쎄	이끌려 올라가다	마 4:1 "성령에게 이끌려"

시험은 단순한 유혹이 아니라, 하나님의 사람을 연단하고 훈련하는 통로로 주어집니다. 성경에서 하나님은 종종 이방 민족이나 마귀의 활동을 통해 그분의 백성을 훈련시키십니다. 따라서 예수님의 시험 역시 인류의 구원을 위한 준비 과정이자, 창조주께서 친히 피조물의 시험을 받으심으로써 우리를 대표하시는 사건입니다.

예수님은 마귀에게 시험을 받으십니다. 이 시험은 단순한 유혹을 넘어서, 하나님의 아들이 공적으로 사역을 시작하기 전에 감당하신 정결의 과정이며, 메시아로서의 자격을 드러내는 장면입니다.

헬라어 "페리아조(πειράζω)"는 '시험하다', '유혹하다', '훈련하다'는 뜻이 있으며, 때로는 단련과 연단의 의미로도 사용됩니다. 하나님은 때로 사탄을 도구로 사용하여 성도들을 연단하시며, 이는 성경 전체를 관통하는 신학적 원리입니다.

['페리아조'의 의미]

용법	의미
유혹(temptation)	사탄의 시험
연단(training)	하나님의 훈련도구
시련(test)	믿음의 검증

이는 단순한 이동이 아니라, 시험을 통한 훈련, 통과의례적 사역 준비 과정입니다.

예수님은 '페이라스데나이($\pi\epsilon\iota\rho\alpha\sigma\theta\hat{\eta}\nu\alpha\iota$)' – 즉 '시험받다', '유혹받다', '연단되다'는 단어로 설명되는 과정을 거칩니다. 이는 사탄의 시험일지라도 하나님의 뜻 아래서 주어지는 연단이며, 창조주께서 친히 피조물의 자리에서 감당하신 시험입니다.

비둘기와 올리브, 나사렛과 메시아

성령이 비둘기같이 임하셨다는 표현은 앞서 말한 바와 같이, 창세기에서 노아가 방주에서 비둘기를 날려 보낸 사건과 연결됩니다. 비둘기가 물어온 감람나무 가지는 평화와 새 생명을 의미하며, 예수 그리스도의 메시아적 정체성과도 깊은 관련이 있습니다.

히브리어에서 감람나무 가지는 '네제르'라고 하며, 이는 나사렛(나쯔렛)의 어원과 연결됩니다. 따라서 '나사렛 예수'는 곧 '뿌리에서 나온 가지에서 나신 메시아'를 의미하며, 이는 이사야서의 예언(사 11:1)과도 맞닿아 있습니다.

신사의 삶에 대한 적용

예수님의 공생애 시작은 단지 역사적 사건이 아닙니다. 이는 모든 신자에게 적용되는 영적 여정의 패턴입니다.

1. 하늘로부터의 부르심: 예수님처럼 우리도 하나님 앞에서 자녀로 선언받았습니다.

2. 성령의 임재: 성령의 도우심 없이는 사역도, 순종도 불가능합니다.

3. 광야의 시험: 신자 또한 시험과 연단을 피할 수 없습니다. 그러나 그것은

하나님의 뜻 가운데 있는 '통과 의례'입니다.

4. 말씀으로 승리: 예수님이 시험을 이기신 것처럼, 우리도 하나님의 말씀으로 마귀를 대적하여 승리할 수 있습니다.

알파요 오메가이신 그분의 길을 따르며

예수님의 첫 사역은 결코 작지 않았습니다. 그분은 하늘이 열리는 장면에서 시작하여, 광야의 시험이라는 깊은 훈련으로 들어가셨습니다. 그리고 그 길은 십자가를 향한 길이었습니다.

우리는 이 장면들을 통해 예수님의 정체성과 사명, 그리고 신자의 본분과 길을 동시에 봅니다. 처음이요 나중이신 주님의 첫 걸음은, 우리 삶의 모든 여정을 조명하는 등불입니다.

이는 내 사랑하는 아들이요, 내 기뻐하는 자라

이 선언은 그분께만 해당되는 말씀이 아니라, 그분 안에 거하는 우리 모두에게 주어진 신분입니다. 그러므로 이제 우리도 그분처럼 성령으로 충만하여, 세상의 시험을 능히 이기고, 하늘로부터 부름받은 자답게 살아가야 하겠습니다.

- 세례는 단순한 의식이 아니었습니다. 요단강에서 하늘이 열리고, 성령이 임하며, 하나님의 음성이 울려 퍼진 순간은 공생애의 시작이자, 삼위일체의 신적 계시였습니다. 이 사건은 예수님의 정체성과 사명이 드러나는 결정적인 전환점이며, 우리 신자 모두가 따라야 할 복음 여정의 원형입니다.

- 신자에게도 세례는 정체성과 사명을 밝히는 전환점이 되며, 성령의 도우심으로 복음 여정이 시작됩니다.

광야의 시작: 금식, 시험 그리고 말씀의 권위

- 구약 시대의 금식은 주로 애도의 의식입니다.

- 금식은 죽음을 애도하거나 국가적 재난을 애통할 때 행해졌으며, 유대인
뿐 아니라 이방인들도 행한 보편적 애도의 형태입니다.

- 그러나 예수님께서는 새로운 의미의 금식을 말씀합니다.

"신랑이 빼앗길 때 금식하라"(마 9:15)

- 이는 예수님의 십자가 죽음을 전제로 한 금식으로, 공적 사역의 시작과
관련이 있습니다.

- 예수님의 금식은 애도가 아닌 공적 사명의 시작을 위한 준비입니다.

¹그 때에 예수께서 성령에게 이끌리어 마귀에게 시험을 받으러 광야로 가사 ²
사십 일을 밤낮으로 금식하신 후에 주리신지라 ³시험하는 자가 예수께 나아와
서 이르되 네가 만일 하나님의 아들이어든 명하여 이 돌들로 떡덩이가 되게 하
라 ⁴예수께서 대답하여 이르시되 기록되었으되 사람이 떡으로만 살 것이 아니
요 하나님의 입으로부터 나오는 모든 말씀으로 살 것이라 하였느니라 하시니 ⁵
이에 마귀가 예수를 거룩한 성으로 데려다가 성전 꼭대기에 세우고 ⁶이르되 네
가 만일 하나님의 아들이어든 뛰어내리라 기록되었으되 그가 너를 위하여 그
의 사자들을 명하시리니 그들이 손으로 너를 받들어 발이 돌에 부딪치지 않게

하리로다 하였느니라 7예수께서 이르시되 또 기록되었으되 주 너의 하나님을 시험하지 말라 하였느니라 하시니 8마귀가 또 그를 데리고 지극히 높은 산으로 가서 천하 만국과 그 영광을 보여 9이르되 만일 내게 엎드려 경배하면 이 모든 것을 네게 주리라 10이에 예수께서 말씀하시되 사탄아 물러가라 기록되었으되 주 너의 하나님께 경배하고 다만 그를 섬기라 하였느니라 11이에 마귀는 예수를 떠나고 천사들이 나아와서 수종드니라

예수님께서 금식하신 이유는 단순한 경건 훈련이 아니었습니다. 금식은 공생애 사역을 시작하시기 전, 공적인 사명의 출발점에서 나타난 상징적 행위였습니다. 이 금식은 구약의 금식과 본질적으로 다릅니다. 구약과 신약, 그리고 예수님 자신의 금식에 대해 깊이 살펴보면, 금식의 본래 목적과 신학적 의미를 더욱 분명히 알 수 있습니다.

구약에서의 금식: 애곡의식과 선택된 금식

금식은 구약 시대에도 일반적인 경건 행위였지만, 단순한 종교 행위로서만 국한되지 않았습니다. 이사야 58장을 보면, 하나님은 금식에 대해 이렇게 말씀하십니다.

내가 기뻐하는 금식이 아니라 내가 선택한 금식이다

여기서 '기뻐한다'는 표현보다 중요한 것은 '선택한다(בחר)'는 것입니다. 하나님께서 특정한 목적을 가지고 금식을 정하신다는 뜻입니다.

구약에서 금식은 주로 애도 의식과 관련이 있습니다. 가까운 사람이 죽거나, 국가적 재난이 발생했을 때, 사람들은 베옷을 입고 재를 덮어쓴 채 금식하며 슬픔을 표현했습니다. 이러한 의식은 유대교뿐 아니라 이방 민족인 헬라인과 로마인에게도 공통적으로 나타났습니다. 고대 근동 문화

속에서 금식은 슬픔을 표현하고, 죽은 자의 상태와 동일시되는 의례 행위였습니다.

구분	구약의 금식	예수님의 금식
시기	주로 슬픔과 재난 시	공생애 시작 직전
목적	애도, 회개, 자복	공적 사명의 출발점
표현	베옷, 재, 절제	광야, 40일 금식

신약에서의 금식: 신랑이 빼앗길 때

예수님은 금식에 대해 새로운 기준을 제시하십니다. 요한의 제자들이 "당신의 제자들은 왜 금식하지 않습니까?"라고 질문하자, 예수님은 이렇게 답하십니다.

신랑이 함께 있는 동안 슬퍼할 수 없지 않느냐? 그러나 신랑이 그들에게서 빼앗길 때가 오리니, 그때 금식할 것이다

이 말씀은 예수님의 존재 자체가 제자들에게는 기쁨과 충만함이었으며, 그분이 떠나신 이후에야 금식이 필요하다는 뜻입니다. 금식은 신랑 되신 예수님과의 단절, 즉 슬픔의 순간에 적합한 행위입니다. 우리의 신랑되신 예수님은 우리와 영원히 함께 하시는 분입니다.

금식의 시기: 공적 사역의 시작과 금식

예수님께서는 공생애를 시작하시기 전, 광야에서 40일 동안 금식하셨습니다. 이때 예수님은 사탄의 시험을 받으셨습니다. 이는 단순한 개인적 경건 훈련이 아니라, 공적인 사명을 앞둔 하나님의 아들로서 자신을 정결하게 하는 과정이었습니다.

즉, 예수님의 금식은 신랑이 빼앗길 때, 곧 십자가의 죽음을 의미하는 시기에 맞추어진 애도의 금식으로 전환됩니다. 그러나 공생애의 출발점에서 예수님의 금식은 단순한 슬픔의 표현이 아니라, 공적인 사명을 앞둔 준비의 과정으로 이해되어야 합니다. 사도행전 13장과 14장에서 사도 바울과 바나바가 선교사로 파송될 때, 교회가 함께 금식하고 기도한 것처럼, 예수님 역시 성령에 이끌려 광야로 나아가셨고, 그곳에서 40일 동안 금식하며 사역의 준비를 하신 것입니다.

예수님의 금식은 곧 그분의 사명이 시작되었음을 알리는 표지였습니다. 하나님께서 그분을 세상에 보내셨고, 이제는 그 파송에 따라 세상을 향해 나아가는 순간, 예수님은 금식이라는 방식으로 하나님 앞에 자신의 온전한 순종과 헌신을 드리신 것입니다.

마귀의 정체와 디아볼로스의 의미

예수님이 금식을 마치신 후, 마귀가 다가옵니다. 성경은 마귀를 '시험하는 자'라고 부릅니다. 헬라어로는 '디아볼로스(διάβολος)'입니다. 이 단어는 '디아(δια, 통과하다)'와 '발로(βάλλω, 던지다)'에서 유래한 말로, 본래 의미는 "무엇인가를 사이에 던져 둘로 나누는 자"입니다.

마귀는 하나님과 사람 사이, 교회와 성도 사이, 목회자와 교인 사이에 무엇인가를 끼워 넣어 결국 분열을 일으키는 존재입니다. 마귀는 항상 관계를 파괴하고, 사람 사이를 갈라놓으며, 공동체를 쪼갭니다. 욥기에서도 마귀는 하나님 앞에 나아가 욥을 고발하며 참소합니다. 그는 하나님의 법정에서 하나님의 백성을 끊임없이 고소하는 자입니다.

하지만 우리에게는 변호자가 있습니다. 헬라어로 '파라클레토스 (παράκλητος)', 곧 '보혜사'이신 성령께서 계십니다. 보혜사는 우리 옆에서 말해주고, 변호하며, 위로하고 도우시는 분입니다. 그러므로 마귀가 아무리 고소해도, 하나님은 그 보혜사의 변호를 들으십니다. 이것이 복음입니다.

[디아볼로스의 의미]

구성요소	의미
디아(δια)	완전히 통과하다
발로(βάλλω)	던지다, 삽입하다
디아볼로스	사이를 가르고 쪼개는 자

첫 번째 시험: 말씀으로 사는 자

마귀는 예수님께 말합니다.

네가 하나님의 아들이거든 이 돌들에게 명하여 떡이 되게 하라

이는 육신의 결핍, 배고픔에 대한 시험입니다. 그러나 예수님의 대답은 분명하고 단호합니다.

기록되었으되 사람이 떡으로만 살 것이 아니요, 하나님의 입에서 나오는 모든 말씀으로 살 것이다(신 8:3)

이 구절은 단순한 성경 인용이 아닙니다. 이는 예수님께서 당신의 존재 방식을 선포하신 것입니다. 그분은 육신의 양식이 아니라, 하나님의 말씀으로 살아가는 자입니다. 광야에서 예수님은 이스라엘 백성의 역사를 다시 써 내려가십니다. 과거 이스라엘은 광야에서 하나님을 시험하고, 말씀을 거부했지만, 예수님은 광야에서 하나님의 말씀을 붙들고 승리하십니다.

헬라어 성경에서 이 말씀은 대문자로 시작됩니다. 헬라어에서 대문자는 세 가지 경우에 사용됩니다: 고유명사, 새로운 단락의 시작, 그리고 직접 화법의 인용부(피전달부)입니다. 여기서 대문자는 직접 인용된 하나님의 말씀임을 나타냅니다.

예수님은 마귀의 시험에 인간적인 논리나 감정이 아닌, 하나님의 말씀으로 대항하셨습니다. 말씀은 그분의 무기였고, 양식이었으며, 존재의 원천이었습니다.

광야에서 살아가는 자의 자세

예수님의 시험은 단지 한 사람의 개인적인 영적 체험이 아니었습니다. 그것은 모든 복음 전도자가 따라야 할 길을 미리 보여주신 모범이었습니다. 광야는 척박하고, 외롭고, 아무것도 없는 공간이지만, 바로 그곳에서 하나님의 말씀은 더욱 선명하게 들려옵니다. 세상의 모든 소리가 끊기고, 유일하게 들을 수 있는 것은 하나님의 음성이기 때문입니다.

하나님의 종, 복음 전도자는 다른 것으로 살 수 없습니다. 광야에서 이스라엘이 만나와 메추라기, 반석에서 나는 물로만 생존했듯이, 복음 전도자도 하나님의 입에서 나오는 말씀 외에는 생명을 유지할 수 없습니다.

이것이 바로 예수님께서 보여주신 길입니다. 그리고 우리도 그 길을 따라가야 합니다. 공적인 사역을 앞두고, 하나님의 말씀 앞에서 철저히 자신을 비우고, 마귀의 간교한 시험 앞에서 진리로 대적하며, 말씀만을 붙드는 자. 그것이 바로 하나님께서 기뻐하시는 자요, 참된 복음 전도자의 길입니다.

예수님의 두 번째 시험: 성전에서의 도전

마태복음 4장 5-7절은 예수님의 시험 중 두 번째 장면으로, 마귀가 예수님을 예루살렘 성전 꼭대기로 데려가 유혹하는 장면입니다이다. 헬라어 원문은 "파라람바네 아우톤 호 디아볼로스($\pi\alpha\rho\alpha\lambda\alpha\mu\beta\acute{\alpha}\nu\epsilon\iota\ \alpha\grave{\upsilon}\tau\grave{o}\nu\ \acute{o}\ \delta\iota\acute{\alpha}\beta o\lambda o\varsigma$)"로 시작되어, 마귀가 예수님을 "데리고 갔다"는 생생한 동작을 전달합니다. 그 장소는 "하기안 폴린($\grave{\alpha}\gamma\acute{\iota}\alpha\nu\ \pi\acute{o}\lambda\iota\nu$)"—곧 거룩한 성, 예루살렘입니다.

성전의 "프테리기온($\pi\tau\epsilon\rho\acute{\upsilon}\gamma\iota o\nu$)"—꼭대기—위에 예수님을 세워놓고, 마귀는 말씀을 인용하며 시험합니다. 이는 역사적으로 성전의 남동쪽 모서리, 오늘날 통곡의 벽 근처의 50m에 이르는 높은 지점으로 여겨지며, 공개적인 기적의 장소로서 많은 이들의 시선을 끌 수 있는 지점이었습니다. 마귀는 이 장소에서 예수님께 신적 권위를 증명해 보이도록 강요합니다. 마귀는 시편 91편 11-12절을 인용하며 말합니다:

그가 너를 위하여 그의 천사들을 명하사 네 발이 돌에 부딪히지 않게 하시리로다

이는 하나님의 보호에 대한 약속의 말씀입니다. 하지만 마귀는 이를 예수님께 강제로 실현시키려는 방식으로 왜곡합니다. 즉, 약속을 시험 삼아

강제하는 것은 하나님의 뜻을 거스르는 행위입니다. 이단이나 사단의 전략은 이처럼 성경을 인용하면서도 그 의도를 왜곡하는 데 있습니다.

마귀도 성경을 인용하며 유혹하고 있다는 점에서, 오늘날 이단의 전략과도 유사합니다. 이단들도 성경 본문을 인용하므로, 우리 역시 말씀을 더 깊이 바르게 알아야 합니다.

[마귀의 성경왜곡전략]

전략	설명
본문인용	시편 91편 11-12절 인용
맥락 왜곡	하나님의 보호를 자기이익이나 자랑에 사용하도록 왜곡
시험 목적	예수님께서 자기 신성을 증명하게 만드려는 의도

구분	시편 원문의 의미	마귀의 인용 목적
본래 의미	하나님을 의지하는 자를 보호하심	신성을 증명하라는 조건부 기적으로 왜곡
문맥	믿음의 결과	실험의 도구

예수님의 응답

예수님은 이에 대해 신명기 6장 16절을 인용하여 응답하십니다.

주 너의 하나님을 시험하지 말라

이는 이스라엘 백성이 르비딤에서 물이 없다고 하나님을 원망하며 시험했던 사건(출 17장)을 배경으로 한 것입니다. 하나님은 반석을 치라 하셨고, 반석에서 물이 나왔습니다. 이 반석은 그리스도를 예표하는 것이며, 부딪히는 고난을 통과해야만 생명이 공급된다는 사실을 보여줍니다.

[시험에 대한 예수님의 해석]

시험위치	의미	예수님의 대응
성전 꼭대기	하나님의 보호시험	신 6:16 인용, 시험 금지선언
마귀의 논리	무조건적 보호 주장	고난과 연단을 통한 순종 강조

신학적 의미: 시험과 고난의 필연성

마귀는 예수님께서 다치지 않도록 하나님께서 보호하실 것을 전제로 기적을 일으켜보라고 유혹합니다. 하지만 예수님은 그 길을 택하지 않으십니다. 이는 복음 사역자들이 반드시 겪게 될 고난과도 연결됩니다.

우리가 하나님 나라에 들어가려면 많은 환난을 겪어야 하리라(행 14:22)

성경은 고난을 피하지 말고 감당해야 할 현실로 말합니다. 마귀는 "부딪히지 않도록 하겠다"는 말씀을 근거로 고난 없는 길을 약속하지만, 성경은 오히려 고난을 통해 영광에 이른다고 말합니다.

구분	마귀의 약속	성경의 가르침
돌에 부딪히지 않음	환란없는 기적적 구원	고난을 통해 하나님 나라에 이르는 길
보호의 조건	뛰어내려 보라	하나님을 신뢰하고 시험하지 말라

오늘날 우리는 "보여주는 신앙", "증명하는 신앙"에 익숙해져 있습니다. 하지만 예수님의 태도는 철저히 반대입니다. 하나님의 약속은 테스트하거나 실험하는 것이 아니라, 믿고 순종하는 것입니다. 신앙의 길에는 고난이 따릅니다. 그 고난을 통과한 자만이 참된 순종의 삶을 살아갈 수 있습니다.

예수님의 두 번째 시험은 "하나님의 아들이라면 뛰어내려라"는 시험이 었지만, 예수님은 성경으로 대적하셨고, 순종의 신학을 우리에게 보여주 셨습니다. 고난 없는 기적을 따르기보다, 순종의 길로 인도하시는 주님을 따라가는 것이 진정한 믿음의 길임을 본 시험을 통해 깨닫게 됩니다.

왜곡된 성경 인용과 진리의 분별

이 사건은 우리에게 매우 중요한 교훈을 줍니다. 마귀조차 성경을 인용 합니다. 오늘날 수많은 이단들이 성경을 들고 다가오는 이유도 같습니다. 이단들은 결코 성경 바깥에서 시작하지 않습니다. 오히려 성경 구절을 인 용하고, 원어까지 해석하며, 그럴듯한 논리를 펼칩니다. 그러나 그 해석은 문맥을 왜곡하고 본래 의도를 흐리며 결국 하나님의 뜻과는 반대 방향으 로 사람들을 이끌어 갑니다.

따라서 우리는 말씀을 더 깊이 알고, 정통 신학과 바른 해석의 원리를 따라 말씀을 해석해야 합니다. 그렇지 않으면, 교묘한 유혹 앞에서 진리를 분별하지 못하고 넘어질 수밖에 없습니다. 예수님은 진리이신 말씀 그 자 체로 사탄의 왜곡을 반박하셨습니다. 오늘 우리 역시 말씀으로 무장하지 않으면 이길 수 없습니다.

주기도문과 일용할 양식의 의미

이제 우리는 주기도문으로 시선을 옮겨봅니다. 마태복음 6장 11절에 보 면, "오늘 우리에게 일용할 양식을 주시옵고"라고 되어 있습니다. 이 짧은 구절 안에 담긴 의미는 단순히 하루 먹을 빵을 구하는 것이 아닙니다.

헬라어 원문으로는 "τὸν ἄρτον ἡμῶν τὸν ἐπιούσιον δὸς ἡμῖν σήμερον·"인데, 여기서 핵심 단어는 "ἐπιούσιον"입니다. 이 단어는 신약 성경 전체에서 오직 이 한 번만 등장하며, 매우 독특한 의미를 지닙니다. 일반적으로는 '일용할', '매일의'라고 번역되지만, 단어의 어원을 따라가 보면 '에피'(ἐπι ;위에)와 '우시오스'(οὐσιος ;존재하는 것)로 구성되어 있습니다. 따라서 문자적으로는 "위에 존재하는 양식", 즉 초월적이고 하늘로부터 오는 생명의 양식을 뜻하는 말입니다.

예수님께서 요한복음 6장에서 말씀하시기를, "나는 하늘에서 내려온 산 떡이라 너희 조상들은 만나를 먹고도 죽었거니와, 나는 생명의 떡이니 나를 먹는 자는 영원히 살리라"고 하셨습니다. 이것은 단순히 물리적인 빵이 아니라, 하늘로부터 내려온 참된 생명의 말씀, 곧 예수 그리스도 자신을 가리키는 것입니다. 예수님은 주기도문을 통해 우리가 구해야 할 가장 우선적인 양식이 바로 그분 자신임을 가르치신 것입니다. 오늘, 지금, 이 순간에 우리에게 필요한 것은 영적 생명을 유지하게 하는 참된 양식입니다. 세상의 양식은 죄인에게도 주어집니다. 그러나 하늘의 양식은 오직 믿음으로 주님께 간구하는 지에게만 주어집니다.

[주기도문 속 '떡'의 의미]

헬라어 단어	의미	적용
에피우시스 (ἐπιούσιος)	위에 존재하는, 하늘에서 주어지는	영적 양식, 말씀, 예수 그리스도
아르토스 (ἄρτος)	일반적인 빵	땅의 필요, 일용할 양식

유혹을 이기는 길, 위에서 오는 양식을 구하는 삶

예수님의 시험 장면과 주기도문은 분리된 사건이 아닙니다. 이 둘은 하나의 메시지로 연결되어 있습니다. 시험 속에서 예수님은 돌이 떡이 되게 하라는 유혹을 받으셨고, 성전 꼭대기에서 뛰어내리라는 유혹을 받으셨으며, 마귀는 시편 말씀을 인용하여 그럴듯한 명분을 붙였습니다. 그러나 예수님은 오직 말씀으로, 하나님의 뜻에 따른 태도로, 하나님의 이름을 거룩히 여기며 시험하지 않으셨습니다. 그리고 주기도문을 통해 제자들에게 가르치신 내용은 바로 그런 삶의 방식이었습니다. 오늘 우리가 구해야 할 것은 하늘에서 내려오는 떡입니다. 우리의 영혼을 살리는 생명의 말씀, 예수 그리스도입니다. 그분만이 우리를 살게 하시며, 시험을 이기게 하시며, 마귀의 속임수와 거짓을 꿰뚫게 하십니다.

따라서 우리는 날마다 말씀을 묵상하고, 날마다 그 말씀으로 살아가야 합니다. 하나님의 뜻을 기준 삼아 유혹을 분별하고, 오직 주님의 영으로 충만하여 세상의 어두움 속에서 빛으로 살아가야 합니다. 이 삶이 곧 위로부터 오는 양식을 구하는 믿음의 여정이며, 말씀을 따라 사는 자의 승리의 길입니다.

- 예수님의 광야 체험은 단순한 시험의 장이 아니라 공생애 사역의 시작, 즉 복음 전도자의 본질을 보여주는 모형이다.

- 마귀는 여전히 분열시키고, 갈라놓고, 하나님의 사람을 참소하며 공격하지만,

- 우리에겐 파라클레토스, 성령 하나님이 계신다.

- 예수님이 그리하신 것처럼, 우리는 하나님의 말씀으로 살아야 하며, 복음 전도자는 말씀만이 생명임을 믿고 광야를 걸어가야 한다.

팔복 (1)

예수님은 산에 오르시어 입을 여셨고, 제자들에게 '복'을 선포하셨습니다. 이 첫 복, "심령이 가난한 자는 복이 있나니…"는 천국의 본질을 드러냅니다. 본 장은 헬라어 원문 분석을 통해 '마카리오이', '프토코스', '프뉴마티'의 의미를 정밀히 살피고, 복의 실제가 무엇인지에 대해 해석합니다.

[1]예수께서 무리를 보시고 산에 올라가 앉으시니 케자들이 나아온지라 [2]입을 열어 가르쳐 이르시되 [3]심령이 가난한 자는 복이 있나니 천국이 그들의 것임이요(마 5:1-3)

예수님께서 산상수훈을 통해 제자들에게 팔복을 선포하신 본분은 마태복음 5상부터 시작됩니다. 누가복음에도 유사한 장면이 등장하지만, 거기서는 '평지'에서 가르치셨다고 기록되어 '평지설교'라 불리기도 합니다. 그러나 핵심은 예수님께서 공적으로 제자들에게 말씀을 선포하셨다는 점이며, 장소의 고저는 본질에 영향을 주지 않습니다.

산에 올라가신 예수님과 문법적 특징

마태복음 5장 1절의 헬라어는 다음과 같이 시작됩니다:

ἰδὼν δὲ τοὺς ὄχλους ἀνέβη εἰς τὸ ὄρος,

무리들을 보시고 산에 올라가셨다

"이돈 투스 오클루스, 아네베 에이스 토 호로스…" 이런 구조가 나오죠. 즉, 예수님께서 무리를 보시고 산으로 올라가셨다는 뜻입니다. 여기에 주어는 분명히 '예수님'인데, 헬라어 본문에서는 '예수'라는 이름 자체는 나오지 않고, '그가'라는 지시어로 대체되어 있습니다. 하지만 그 문맥상 주어는 분명히 예수님입니다.

"아나바이노(ἀναβαίνω)"라는 단어는 '아나(ἀνα;위로)'와 '바이노(βαίνω;걷다)'가 합쳐진 말입니다. 위쪽으로 걸어 올라가셨다는 의미죠. 그리고 "카디싼토스 아우투"라는 분사가 뒤따라 나옵니다. 이건 속격 분사구문입니다. 분사와 주동사의 주어가 다를 때는 의미상의 주어를 속격으로 표시하죠.

분사구문을 해석할 때는 보통 '접속사 + 주어 + 동사' 구조로 풀면 해석이 자연스러워집니다. 예수님께서 산에 올라가 앉으셨을 때, 그의 제자들이 그분께 나아왔다는 장면이 바로 이 본문입니다.

καὶ καθίσαντος αὐτοῦ προσῆλθαν αὐτῷ οἱ μαθηταὶ αὐτοῦ·

그의 제자들이 그에게 나아왔다는 말이죠.

그런데 여기에서 중요한 문법 포인트가 있습니다. "καθίσαντος αὐτου :카디싼토스 아우투"는 독립 속격 분사구문입니다. 이 분사는 예수님이 주체이고, 그다음 동사의 주어는 제자들입니다. 주어가 다르기 때문에 분사구문도 따로 속격으로 처리한 것입니다.

다음, 5장 2절로 넘어가 보겠습니다.

$$\kappa\alpha\grave{\iota} \ \dot{\alpha}\nuo\acute{\iota}\xi\alpha\varsigma \ \tau\grave{o} \ \sigma\tau\acute{o}\mu\alpha \ \alpha\grave{\upsilon}\tauo\hat{\upsilon} \ \dot{\epsilon}\delta\acute{\iota}\delta\alpha\sigma\kappa\epsilon\nu \ \alpha\grave{\upsilon}\tauo\grave{\upsilon}\varsigma \ \lambda\acute{\epsilon}\gamma\omega\nu\cdot$$

예수님께서 그의 입을 여시고 그들을 가르치셨다는 장면입니다. 여기서도 분사가 나옵니다. $\dot{\alpha}\nuo\acute{\iota}\xi\alpha\varsigma$: 아노익사스-그의 입을 여셨다'는 분사인데, 여기서는 주어가 예수님으로 동일하기 때문에 주격 분사입니다. 이전과 달리 독립 속격이 아닙니다.

헬라어에서 이 "아노익사스"라는 단어는 "아나($\dot{\alpha}\nu\alpha$;위로, 반복)"와 "오이고($o\ddot{\iota}\gamma\omega$;열다)"가 결합된 것입니다. 이 단어의 뿌리는 단순히 '입을 열었다'는 것을 넘어서, 위에서 반복적으로 눈과 귀를열다, 즉 영적인 열림, 영적 장애물의 제거 등을 포함한 의미를 담고 있습니다.

심령이 가난한 자는 복이 있나니

예수님께서 산에 올라가셔서 제자들을 앞에 두고 입을 열어 말씀하신 내용은 마태복음 5장 3절부터 7장 27절까지 이어지는 산상수훈의 시작입니다. "입을 열어 말씀하시니"라는 표현은 헬라어 문법상 직접 인용의 도입부로, 이후 예수님께서 직접 선포하신 말씀들이 길게 이어집니다. 이는 단순한 도덕적 교훈이 아니라, 천국 시민의 삶과 상태에 대한 생명의 말씀이며, 신적 권위 아래 선포된 복음의 핵심입니다.

이 생명의 말씀은 과연 누구에게 선포되었는가? 예수님께서 복이 있다고 선언하신 자들이 누구인가? 우리가 바로 그 복의 말씀을 받는 자인지, 복의 삶을 사는 자인지 깊이 살펴야 할 것입니다.

마태복음 5:3의 헬라어 원문은 다음과 같습니다:

Μακάριοι οἱ πτωχοὶ τῷ πνεύματι, ὅτι αὐτῶν ἐστιν ἡ βασιλεία τῶν οὐρανῶῦ

여기서 Μακάριοι(마카로이)는 형용사로 '복이 있다'는 선언이며, 헬라 문장에서 생략된 be 동사(ἐστιν ;에스틴)가 함께 이해되어야 하는 명사적 구조입니다. 이로써 이는 단순한 감탄문이 아니라, 존재적 선언이 됩니다. 이 단어는 단순한 감정이 아닌, 신적 실재에 참여하는 자의 상태를 의미하며, 고전 헬라어에서 '신들의 행복'을 공유하는 존재를 가리킵니다.

'심령이 가난한 자'의 의미

'프토코이(πτωχοι)'는 '가난한 자들'로 번역되지만, 단순히 물질적 결핍 상태가 아니라 전적인 결핍, 곧 아무런 소유도 없는 상태를 의미합니다. 헬라어에서 이 단어는 '구걸하는 자', 즉 거지와 같이 전적으로 외부의 도움에 의존해야 하는 자를 가리킵니다. 이는 자립적인 가난이 아니라 철저히 의존적인 상태이며, 하나님 외에 어떤 소유나 자산도 없는 상태를 가리킵니다.

그렇다면 이들은 누구에게 구하는가? '토 프뉴마티(τῷ πνεύματι)'라는 표현에서, '토'는 관사이고 '프뉴마티'는 '영, spirit'을 뜻하는 '프뉴마'의

여격 형태입니다. 이는 문법적으로 간접 목적어, 즉 '성령에게' 혹은 '성령을 향하여' 구하는 자라는 의미로 해석할 수 있습니다. 따라서 "심령이 가난한 자"라는 번역은 문자적 해석에 비해 다소 모호하며, 헬라어 문법을 따를 때는 "'성령에게 구하는 자들'" 혹은 "'성령에 의존하는 자들'"이라는 해석이 문맥상 타당합니다.

따라서 이 구절은 '성령에게 구하는 자들'이 복이 있다는 의미로도 해석될 수 있습니다. 이는 단순한 겸손함을 넘어서, 자기 안에 아무런 소유도 없기에 전적으로 하나님께 의존하는 자의 자세를 묘사합니다.

마태복음과 누가복음의 차이

마태복음 5:3은 '심령이 가난한 자'라는 영적 차원의 설명을 포함하지만, 누가복음 6:20은 단순히 '가난한 자는 복이 있나니'로 기록되어 있습니다. 이는 누가복음이 보다 사회적 현실에 집중하고 있는 반면, 마태복음은 신학적이고 영적인 해석에 초점을 둔다는 점에서 차이를 보입니다.

누가복음 6장 20절에서는 단지 '가난한 자는 복이 있나니'라고 기록되어 있어, 마태복음의 영적 강조와는 차이를 보입니다. 마태복음은 물질적 가난이 아니라 영적 결핍, 더 나아가 성령에 대한 갈망과 의존을 복의 조건으로 제시하고 있습니다.

이러한 자들, 곧 성령에게 구하는 자들은 왜 복이 있습니까? 바로 그들에게 하늘나라가 주어졌기 때문입니다. 이는 단순히 미래의 약속이 아니라 현재형 동사 '에스틴'을 사용함으로써 지금 이 땅에서부터 시작되는 하나님의 통치에 참여하는 것을 의미합니다. 다시 말해, 성령에게 의존하고 그분께 날마다 구하는 자는 이미 천국의 백성이라는 것입니다.

헬라어 '마카리오이'는 고전 헬라 문헌에서 '신들의 행복', 곧 인간이 가질 수 없는 초월적 기쁨과 안식을 가리키는 용어입니다. 예수님께서는 이 마카리오이의 개념을 들어, 하나님과의 교제 속에서 누리는 하늘의 복을 설명하셨습니다. 곧 하나님의 생명에 참여하는 자, 그분의 복을 누리는 자가 바로 '마카리오이(Μακάριοι; 복자들)'입니다.

이 개념은 요한복음 10장 34절, 시편 82편 6절에서 하나님께로부터 말씀을 받은 자들(직역: 하나님의 말씀이 된 자들)이 '신들'이라 불렸다는 구절과도 연결됩니다. 하나님의 말씀을 소유한 자는 단지 정보 차원의 지식을 넘어서 하나님의 생명과 권세에 참여하는 자입니다. 곧 거듭난 자, 위로부터 난 자들입니다.

하늘의 복과 성령의 관계

본문은 '복이 있다'는 선언을 통해 단지 윤리적 행동 지침을 전달하는 것이 아니라, 위로부터 난 자 곧 거듭난 자들의 상태를 묘사합니다. 성령께 구하는 자는 이미 성령을 소유한 자이며, 이들은 하늘의 나라 곧 하나님의 통치를 소유하게 됩니다.

거듭남은 성령에 의해 이루어지며, 이는 '아노덴'(ἄνωθεν; 위로부터)의 개념을 따릅니다. 물과 성령으로 거듭난 자는 위의 것을 구하며, 땅의 소유가 아니라 하늘의 복을 사모합니다. 그러한 자에게 예수님은 말씀이신 성령을 주십니다.

마태복음 7장 11절과 누가복음 11장 13절에서도 동일한 구조를 봅니다. 인간이 악할지라도 자식에게 좋은 것을 줄 줄 안다면, 하늘에 계신 아버지는 구하는 자에게 성령을 주시지 않겠느냐는 말씀입니다. 이 말씀은 성령이 곧 최고의 선물, 곧 복 그 자체임을 말합니다.

이는 이사야 44:3과도 연결됩니다. 이사야 44장 3절은 이를 예언적으로 묘사합니다. 목마른 자에게 물을 주고, 마른 땅에 시냇물을 흐르게 하며, 자손에게 하나님의 영을 부으시겠다는 말씀입니다. 여기서 물, 시내, 영, 복은 병행적 관계를 가지며, 모두 하나님의 생명과 은혜를 상징합니다. 곧 성령은 하나님의 복이며, 위에서 부어지는 생명입니다.

나는 목마른 자에게 물을 주며 마른 땅에 시내가 흐르게 하며 나의 영을 네 자손에게, 나의 복을 네 후손에게 부어 주리니

그 구절에서 하나님께서는 '목마른 자에게 물을, 마른 땅에 강을' 주시며, '나의 영(성령)'을 후손 위에 부어주신다고 하십니다. 성령과 복은 동의어적 표현으로 사용되며, 하늘의 복은 곧 성령을 통해 부어지는 하나님의 생명입니다.

구약구조(사 44:3)	신약병행(마 5:3)
가난한 자 / 마른 땅 / 후손	심령이 가난한 자 / 성령에게 구하는 자
물을 부어주심 / 시냇물이 흐름	하늘의 복 - 성령의 내주
나의 영을 부어줌 / 복을 부어줌	천국이 그들의 것임

결론적으로, 마태복음 5장 3절은 단지 '마음이 가난한' 상태를 말하는 것이 아니라, 철저히 자신을 비우고 성령에게 구하며 의존하는 자들이 누리는 하늘의 복을 말합니다. 이러한 자들에게는 하나님의 나라가 이미 주

어졌으며, 그들은 참된 복의 실체인 성령을 소유한 자들입니다.

이 복된 자들은 땅의 것을 의지하지 않고, 오직 위에 있는 것만을 구합니다. 그들은 매일 성령께 나아가 구하며, 그분을 자신의 생명으로 삼는 자들입니다. 이들이야말로 마카리오이, 곧 신적인 복을 소유한 자로서 그복을 나누는 자들입니다.

성령을 구하는 자, 이미 소유한 자

거듭난 자는 성령을 이미 소유한 자입니다. 그러나 이들은 결코 그 사실에 안주하지 않고, 날마다 성령께 구하며 살아갑니다. 이는 단지 요청이 아니라, 위에 속한 자로서의 정체성이며, 하늘의 생명을 유지하는 방식입니다. 그들은 땅에서 아무것도 소유하지 않은 자들입니다. 그래서 더욱 하늘의 것으로 충만하게 되기를 구합니다.

[성령을 소유한 자의 삶의 태도]

구분	설명
존재적 정체성	위에서 난자, 성령을 소유한 자
삶의 방식	끊임없는 성령께의 구함
소유의 방향	땅의 것이 아닌, 하늘의 복과 왕권
결과	하늘의 통치를 받고, 복있는 자로 살아감

성령은 곧 하나님의 영이자 예수 그리스도의 영이며, 보혜사입니다. 그분이 임한 자는 하나님의 뜻을 알고, 아버지의 속마음을 이해하게 됩니다. 이것이 바로 하늘의 복이며, 진정한 부요입니다.

복 있는 자와 하나님의 나라

복 있는 자들이란 곧 하늘의 통치를 소유한 자들입니다. 그들의 소유는 땅에 있지 않고, 하늘의 왕국에 있습니다. 이 '왕국'은 단지 공간 개념이 아닌, 하나님의 통치를 의미합니다. 성경은 이 나라를 다양한 방식으로 표현합니다.

[성경에 나타난 '하나님 나라' 용례 비교]

구분	표현방식	주요 사용처
바실레이아(왕국)	하나님의 통치, 권세	바울 서신, 마가, 누가 등
우라노스(하늘들)	장소적 개념 포함, 마태복음의 표현	마태복음 전반
제사장 나라	존재론적 정체성, 하나님과의 친밀한 관계	출애굽기 19:5, 벧전 2:9

예수님은 팔복에서 "천국이 저희 것임이요"라고 하셨습니다. '저희 것'이라는 말은 그 통치가 그들에게 속해 있다는 강력한 소유 표현입니다. 이 나라는 단지 미래에 도래할 것이 아니라, 현재적으로 임해 있습니다. 그러나 그 나라의 완성은 환난을 통과한 자에게만 주어집니다.

상속과 영직 전두의 의미

하나님의 나라는 '상속'되는 것입니다. 이것은 단지 주어지는 은혜가 아니라, 하늘의 유업을 받기 위한 신자들의 싸움과 인내를 포함합니다. 성경은 이 상속을 '클레로노메오'라는 단어로 표현하며, 이는 히브리어 '야라시'와 연결되어 '점령하다', '탈취하다'라는 의미도 포함합니다.

이스라엘이 가나안 땅을 기업으로 받았지만, 그것은 전투를 통해 점령해야 했습니다. 마찬가지로, 하나님의 나라를 상속받는 자는 영적 전투를 통해 싸워야 할 대상이 존재합니다. 사도행전 14장 22절은 이렇게 말합니다.

우리가 하나님의 나라에 들어가려면 많은 환난을 겪어야 하리라

상속은 누구에게 주어지는가?

상속은 아무에게나 주어지지 않습니다. 성경은 "아들이 아니면 상속도 없다"고 말합니다. 곧 하나님의 자녀로 입양된 자만이 그 유업을 상속받습니다.

[하나님의 나라를 상속받는 자의 조건]

자격 요건	근거 구절
하나님의 아들 됨	마 25:34 - "내 아버지께 복 받은 자들이여"
믿음 안에 거함	사도행전 14:22
환란을 통과함	동일
끝까지 싸움에 승리함	계 2:10, 3:21 등

이 상속은 영생, 하나님의 나라, 하나님의 영광을 포함하는 궁극적 유업입니다. 하지만 그 과정에는 피흘림, 시험, 고난이 반드시 동반됩니다.

떠나는 자와 끝까지 남는 자

요한복음 6장에서 예수님의 "내 살을 먹고, 피를 마셔야 한다"는 말씀을 듣고 깨닫지 못한 많은 제자들이 그분을 떠났습니다. 그들은 영광만 기대했지, 고난은 감당할 수 없었습니다. 그러나 진정한 제자, 곧 베드로는 이렇게 고백합니다.

이처럼 끝까지 남는 자가 참 제자이며, 참 상속자입니다.

하늘의 복, 피흘림 뒤에 오는 영광

하나님의 나라는 아름다운 약속입니다. 그러나 그 안으로 들어가는 길은 결코 쉽지 않습니다. 많은 환난과 대적, 그리고 좁은 문이 놓여 있습니다. 그 문을 통과한 자만이 참된 복을 누릴 수 있습니다.

[팔복과 고난의 연결구조]

복의 항목	관련 고난 및 상태
성령에게 구하는 자	자기 부인, 땅의 소유가 없음
애통하는 자	죄와 세상 악에 대한 깊은 슬픔
의에 주리고 목마른 자	세상의 불의에 대한 갈망
의를 위하여 박해받는 자	세상과의 충돌, 순교적 삶

결국 복된 자들은 그리스도의 고난에 참여한 자들입니다. 그들은 끝까지 영적 전투를 싸워 이긴 자들입니다. 상속은 바로 이러한 자들에게 주어집니다.

상속은 싸움 후에 주어진다

하나님의 나라는 단지 관념이나 교리가 아닙니다. 이는 실제이며, 점령해야 할 땅입니다. 이 땅은 우리 것이지만, 아직 싸움이 남아 있습니다. 그리고 그 싸움은 믿음으로, 성령의 도움을 구함으로만 승리할 수 있습니다.

따라서 우리는 날마다 성령께 나아가야 합니다. 성령은 우리의 능력이며, 위로자이며, 전투의 전략가이십니다. 성령을 소유한 자는 이미 복 있는 자입니다. 그리고 그 복은 마지막 날, 하늘의 왕국 상속으로 완성됩니다.

- 복은 감정이 아니라 상태입니다. 성령께 구하는 자, 전적으로 하나님을 의지하는 자는 이미 하나님의 나라를 소유한 자입니다. 복은 조건이 아니라 존재입니다.

- 나는 성령께 구하며 살아가는 자인가, 스스로 만족한 자인가?

- 주님, 내 안의 자족과 자만을 깨뜨리시고, 오직 성령만을 구하게 하소서. 하늘의 복을 갈망하며 살아가게 하소서.

팔복(2): 애통하는 자와 온유한 자

Μακάριοι οἱ πενθοῦντες· ὅτι αὐτοὶ παρακληθήσονταϊ

μακάριοι οἱ πραεῖς, ὅτι αὐτοὶ κληρονομήσουσιν τὴν γῆϊ

애통하는 자는 복이 있나니 그들이 위로를 받을 것이며… 온유한 자는 복이 있나니 그들이 땅을 기업으로 받을 것임이라(마 5:4-5)

예수님은 팔복을 통해 세상과는 다른 가치 체계를 선포하십니다. 본 장에서는 '애통하는 자'(οἱ πενθοῦντες)와 '온유한 자(οἱ πραεῖς)'라는 헬라어 단어의 깊이를 살펴보고, 이 복이 왜 고통 속에서 시작되는지를 설명합니다.

팔복과 하나님의 나라: 현재와 미래의 통치에 대한 신학적 고찰

팔복의 문법적 구조와 신학적 함의

마태복음 5장의 팔복을 살펴보면, 각 복은 전제와 귀결이라는 구조적 특징을 지니며, 문법적으로도 일정한 패턴을 따릅니다. 특히 첫 번째 복(5:3)과 여덟 번째 복(5:10)은 동사가 직설법 현재형으로 나타나며, 나머

지 여섯 복은 직설법 미래형입니다. 이 문법적 구분은 팔복 전체의 구조와 신학적 의미를 이해하는 데 결정적인 열쇠가 됩니다.

복의 번호	동사의 시제	내용 요약
1	현재형	하늘들의 나라가 그들의 것임
2-7	미래형	위로를 받음, 기업을 받음, 자비를 입음 등
8	현재형	하늘들의 나라가 그들의 것임 + 의를 위한 핍박

첫 번째 복과 마지막 복이 현재형이라는 것은, 하나님의 나라가 미래에 주어지는 보상이 아니라, 이미 현재적인 소유로 주어진다는 사실을 강조합니다. 이로써 팔복의 수신자들은 단지 장차 천국에 들어갈 자들이 아니라, 지금 이 순간부터 하늘의 통치 안에서 살아가는 존재임을 알 수 있습니다.

'하늘들의 나라'와 '하나님의 나라'의 동일성

마태복음은 "하늘들의 나라"라는 표현을 사용하며, 이는 유대인의 전통에서 하나님의 이름을 직접 언급하지 않기 위해 간접적으로 표현한 것입니다. 반면 마가, 누가, 요한복음 및 바울 서신은 "하나님의 나라"라는 표현을 사용합니다. 본질적으로 이 두 표현은 같은 의미를 가지며, 하나님의 주권과 통치를 의미합니다.

히브리어에서 '하늘'을 뜻하는 단어는 쌍수형 '샤마임(שָׁמַיִם)'입니다. 이는 단수로 번역될 수 없으며, 마태복음의 표현인 "하늘들"이라는 개념을 뒷받침합니다. 헬라어는 복수형 '우라노이'를 사용하여 '하늘들의 나라'라는 표현을 구성합니다. 따라서 "하늘들의 나라"는 "하나님의 나라"와 신학적으로 동일한 개념입니다.

현재 소유된 하나님의 나라: 통치의 현재성

팔복의 첫 복(5:3)과 여덟 번째 복(5:10)은 모두 현재형으로 "하늘들의 나라가 그들의 것임"이라고 선언합니다. 이는 단순한 미래의 약속이 아니라, 현재적 실재를 가리킵니다. 예수님은 누가복음 11:20에서 "내가 하나님의 손을 힘입어 귀신을 쫓아내는 것이면 하나님의 나라가 너희에게 임하였느니라"고 말씀하셨습니다.

하나님의 나라는 단지 미래의 천국만을 의미하지 않습니다. 이는 지금 현재 성도들이 하나님의 통치를 받는 상태를 가리킵니다. 즉, 하나님의 뜻이 성도의 삶에서 이루어지고, 그 통치가 현실 속에서 구체적으로 드러나는 것을 의미합니다.

구분	현재적 의미	미래적 의미
하나님의 나라	통치를 받는 삶	영광의 나라 상속
상속 개념	언약에 따른 확정된 소유	실현될 보장된 유업

상속자로서의 성도: 클레로노메오의 의미

고린도전서 15:50은 "혈과 육은 하나님의 나라를 유업으로 받지 못하나니"라고 밝히며, 하나님의 나라가 상속의 개념으로 주어짐을 강조합니다. 헬라어에서 "상속받다"는 단어는 '클레로노메오($\kappa\lambda\eta\rho o\nu o\mu\acute{\epsilon}\omega$)'입니다. 이 동사는 '기업을 받다', '유업을 잇다'는 의미를 내포하며, 이는 단순히 법적 상속 이상의 개념으로, 하나님의 언약에 근거한 영적 상속을 의미합니다.

하나님의 언약은 반드시 성취되며, 상속자는 현재 그 유업을 소유한 자로 간주됩니다. 이는 성도가 단지 장차 천국에 들어가는 것이 아니라, 이미 하나님 나라의 통치를 받는 자로 살아가고 있다는 사실을 보여줍니다.

팔복의 논리적 구조: 현재와 미래의 통전적 조화

팔복은 독립적인 여덟 개의 문장이 아니라, 통일된 메시지를 가진 문학적 단락입니다. 첫 번째 복과 마지막 복이 현재형으로 구성되었고, 그 사이 여섯 복은 미래형으로 구성되어 있습니다. 이 구조는 신학적으로 현재와 미래의 긴밀한 연결을 보여주는 장치입니다.

즉, 하나님의 나라를 현재 소유한 자들은 이 땅에서 고난받고 연단받지만, 장차 주어질 하나님의 위로와 상속을 확실히 기대할 수 있습니다. 이러한 현재와 미래의 이중적 구조는 믿는 자들의 현실적 고난을 신앙적으로 해석하는 데 결정적인 근거를 제공합니다.

복의 순서	동사 시제	복의 내용 요약
1	현재형	하늘나라 소유
2-7	미래형	위로, 기업, 자비, 하나님을 봄, 아들됨 등
8	현재형	하늘나라 소유 + 의로 인한 핍박

핍박과 하나님의 나라

팔복의 마지막 복은 의를 위하여 핍박을 받는 자에게 하늘나라가 주어진다고 말합니다(마 5:10). 이 말씀은 성도가 하나님의 나라를 소유했기 때문에 세상 나라로부터 핍박을 받는다는 사실을 전제합니다. 왜냐하면 하나님의 나라와 이 세상의 나라는 본질적으로 적대 관계에 있기 때문입니다.

　예수님은 마태복음 5:11-12에서 "나로 말미암아 너희를 욕하고 핍박하며 거짓으로 너희를 거슬러 모든 악한 말을 할 때에는 너희에게 복이 있나니 기뻐하고 즐거워하라"고 하셨습니다. 이는 팔복의 실천적 측면을 강조하며, 고난 중에도 기뻐할 수 있는 이유는 현재적으로 하나님의 나라에 속해 있기 때문입니다.

성령을 구하는 삶: 팔복의 영적 태도

　팔복은 단순한 도덕적 윤리 강령이 아닙니다. 이 말씀은 하나님을 전심으로 찾고, 성령을 구하는 삶을 사는 자들의 내면적 상태를 설명합니다. 시편 105편 3-4절은 이렇게 말합니다:

그의 거룩한 이름을 자랑하라. 여호와를 구하는 자들의 마음은 즐거울지어다. 여호와와 그의 능력을 구할지어다. 그의 얼굴을 항상 구할지어다

　누가복음 11장 13절에서도 예수님은 "하물며 하늘에 게신 너희 아버지께서 구하는 자에게 성령을 주시지 않겠느냐"라고 말씀하십니다. 성령을 구하는 자들은 하나님 나라의 통치를 현재적으로 받아들이는 자들이며, 이미 하나님 나라에 속한 백성들입니다.

가난한 자의 복: '프토코이'의 의미

　팔복의 첫 번째 복에 나오는 '심령이 가난한 자'는 헬라어로 '호이 프토코이(οἱ πτωχοί)'입니다. 이 단어는 단순히 경제적으로 가난한 상태를 넘어, 전적인 무소유과 의존 상태를 의미합니다. '프토코이'는 '거지 같은 자'라는 뜻을 포함하고 있으며, 하나님 앞에서 자신이 아무것도 아님을 고 백하는 자를 지칭합니다.

하나님의 나라를 소유한 자는 이 땅에서 아무것도 가지지 않은 자처럼 살아갑니다. 세상의 가치를 추구하지 않고, 오직 하나님만을 구하는 자입 니다. 이러한 자들은 세상으로부터는 외면당할지 몰라도, 하나님 나라에 서는 가장 복된 자들입니다.

하나님의 나라의 현재성과 확실성

팔복은 복된 상태를 선언하는 데서 멈추지 않습니다. 이는 하나님의 나 라를 소유한 자가 어떤 삶을 살아야 하는지 구체적으로 제시합니다. 지금 이 땅에서 하나님의 통치를 받는 자는 가난하고, 애통하며, 온유하고, 의 에 주리고, 자비를 베풀고, 마음이 청결하며, 화평을 이루고, 의를 위해 핍 박받는 자들입니다.

이러한 자들은 단순히 고난받는 자들이 아니라, 하나님의 나라를 이미 소유한 자들입니다. 그러므로 그들은 현재의 고난 속에서도 기뻐할 수 있 으며, 미래의 영광을 확신할 수 있습니다. 하나님의 통치는 지금 이 순간 에도 성도의 삶 가운데 역사하고 있으며, 그 통치는 반드시 완전한 나라로 이어질 것입니다.

- 하나님 앞에서 애통하는 자만이 참된 위로를 얻습니다. 그리고 온유함은
 약함이 아닌, 말씀 아래 굴복한 강함입니다 이런 자들에게 하나님은 위로
 와 유업을 약속하셨습니다.

- 나는 하나님 앞에서 애통하고 있는가? 내 고난을 믿음으로 해석하고 있
는가?

- 주님, 눈물로 심는 자가 기쁨으로 거두는 복을 믿습니다. 제 심령을 부드
럽게 하셔서 온유한 자로 살아가게 하소서.

복있는 자와 애통의 신학

Μακάριοι οἱ πτωχοὶ τῷ πνεύματι, ὅτι αὐτῶν ἐστιν ἡ βασιλεία τῶν οὐρανῶν

μακάριοι οἱ πενθοῦντες, ὅτι αὐτοὶ παρακληθήσονταϊ

³심령이 가난한 자는 복이 있나니 천국이 그들의 것임이요
⁴애통하는 자는 복이 있나니 그들이 위로를 받을 것임이요

성령을 구하는 자와 하나님의 나라를 소유한 자의 삶

여호와를 구하는 자들

너희는 여호와를 구하는 자들입니다

여기서 '여호와를 구하는 자'라는 표현은 히브리어 문법상 분사의 목적어로서의 속격 형태입니다. 이는 '여호와를'이라는 대격(목적격)의 의미를 내포하고 있으며, 분사 형식이 명사화되어 '여호와를 구하는 자들'로 번역됩니다. 본래 의미를 살리면 '여호와를 구하고 있는 자들'이라고 풀어 해석할 수 있습니다.

이들의 마음은 여호와를 찾기에 즐거움을 느낍니다. 본문 4절에서는 명령법으로 "여호와를 구하라"고 명확히 말합니다. 히브리어 '다라쉬'(דָּרַשׁ)는 '찾다, 요구하다, 자주 가다'는 의미를 가지며, 반복과 지속의 개념이 내포되어 있습니다.

여호와의 힘과 얼굴을 구하라

여호와와 그의 능력을 구하라. 그의 얼굴을 항상 찾으라

여기서 '힘'은 히브리어 '오즈'(עֹז), 즉 능력, 권능을 의미합니다. '얼굴'을 구한다는 것은 하나님의 임재와 인도하심을 사모하는 것을 뜻합니다.

이 반복된 명령형은 단순한 요청이 아닌, 하나님의 백성으로서의 삶의 태도와 자세를 요청하는 것입니다. 이는 단순한 감정이나 필요의 충족을 위한 것이 아니라, 하나님과의 관계 회복과 깊은 사귐을 향한 적극적 행위입니다.

성령을 구하는 자에게 주시는 하나님의 은혜

누가복음 11장 13절은 말합니다.

너희가 악할지라도 자녀에게 좋은 것을 줄 줄 알거든, 하물며 하늘 아버지께서 구하는 자에게 성령을 주시지 않겠느냐?

헬라어 동사 '아이테오'(αἰτέω)는 '구하다, 요청하다'는 뜻으로, 히브리어 '바카쉬'와 병행되는 의미입니다.

하나님께서는 가장 좋은 것을, 곧 성령 하나님 자신을 구하는 자에게 주십니다. 이것이 신자에게 주어지는 최고의 복이며, 하나님의 백성이 하나님의 뜻을 따라 살아갈 수 있게 하는 원천입니다.

복이란 무엇인가?

팔복에서 반복되는 단어는 '복이 있나니'(마카로이)입니다. 헬라어 마카리오스는 단순한 물질적 축복이 아닌, '신적인 행복'을 가리킵니다. 이는 하늘에 속한 자들이 공유하는 기쁨, 곧 하나님의 나라를 소유한 자들이 누리는 영적 상태를 의미합니다.

하나님의 나라를 이미 소유한 자는 이 땅에서 거지같이 가난할지라도, 실상 가장 부요한 자입니다.

왜냐하면 그는 무너지지 않는 나라, 영원한 하늘의 유업을 받은 자이기 때문입니나.

복 있는 자는 왜 애통하는가?

예수님은 말씀하셨습니다:

애통하는 자는 복이 있나니, 그들이 위로를 받을 것임이요(마 5:4)

여기서 '애통'은 단순한 감정적 슬픔이 아닙니다. 히브리어적 배경과 고대 이스라엘의 애통 의식에 비추어 볼 때, 죽음, 재앙, 죄악에 대한 애도, 그리고 하나님의 영광이 가려지는 현실에 대한 근심이 포함됩니다.

애통 의식의 표현 방식	구약 및 고대 근동의 사례
눈물 흘림	예레미야의 애가
옷을 찢음	다윗이 요나단을 위해 애도할 때
베옷 착용	이사야 20장, 요엘 1장
티끌을 머리에 덮음	욥기 2장
곡하는 자들을 고용함	예레미야 9:17
애가 부르기	예레미야 애가서 전체

예수님은 이 애통을 무가치하게 보지 않으셨습니다. 애통하는 자들, 즉 이 세상에서 하나님의 뜻이 이루어지지 않음을 탄식하는 자들에게 위로자 성령을 약속하셨습니다.

위로자 성령: 파라클레토스

신약성경은 성령을 '파라클레토스'(παράκλητος)라 부릅니다. 이는 '변호자, 대언자, 위로자'라는 뜻을 지닙니다. 디아볼로스(고소자, 마귀)의 참소 앞에서, 성령 하나님은 하나님의 백성을 위해 하나님의 법정에서 변호하시는 분이십니다.

위로자 성령은 우리가 낙심할 때 다시 일으켜 세우시고, 고난 중에도 믿음을 잃지 않도록 위로하십니다.

고난 속의 복: 하나님의 나라의 백성

복 있는 자는 고난을 피하지 않습니다. 오히려 고난 가운데 하나님의 뜻을 이루며, 이 땅에서 하나님의 나라의 증거가 됩니다. 팔복의 구조는 고난과 하나님의 나라를 밀접하게 연결하고 있습니다.

이 땅은 성도가 영원히 거할 곳이 아닙니다. 그들은 천국을 소유한 자들이며, 고난은 그 정체성을 더욱 확증하는 과정입니다. 성도는 고난을 통해 온유하게 되고, 겸손하게 되며, 하나님의 위로를 경험하게 됩니다.

왜 우리는 여호와를 구해야 하는가?

우리는 가장 부유하신 분, 성령 하나님께 구해야 합니다. 왜냐하면 그분만이 참된 복이시며, 하나님의 나라를 상속받을 자의 정체성은 그분을 간절히 사모하는 자들로 드러나기 때문입니다.

애통하는 자, 가난한 자, 의에 주리고 목마른 자, 평화를 이루는 자, 의를 위해 박해받는 자…

그들은 하나님의 나라를 소유한 자들입니다. 그들은 복이 있습니다

고대의 애통 의식과 그리스도인의 금식

고대 근동에서는 애통의 표현으로 땅에 뒹굴고, 몸에 상처를 내며, 머리를 풀고, 심지어는 금욕과 맨발 생활까지 행했습니다. 어떤 경우에는 문신을 새기거나 특별한 음식을 먹지 않으며 며칠간 몸을 씻지 않는 풍습도 있었습니다. 이는 죽은 자와 동일한 상태에 자신을 두기 위한 상징적 행위였습니다.

[고대 애통의 의례적 행동]

행동	의미
흙에 뒹굴기	자신을 낮추고 죽은 자와 동일시
몸에 상처내기	극한의 슬픔 표현
문신 새기기	종교적 결속 또는 애도 표시
머리풀기 / 맨발 걷기	절제와 겸손의 표현
몸 씻지 않기	죄와 애도의 외적 표현

성경은 이방인의 풍습을 경계하되, 그 본질에 주목하라고 가르칩니다. 이사야 58장은 금식을 단지 외형적 고행이 아니라, 줄인 자에게 떡을 나누고, 떠도는 자에게 거처를 제공하는 것으로 설명합니다. 참된 금식은 이웃 사랑과 하나님의 뜻 실천으로 나타납니다.

예수님과 금식: 애통의 본질

마태복음 9장 15절에서 예수님은 금식을 신랑이 뺏길 때의 애통으로 비유하셨습니다. 예수님이 함께 계시는 동안은 금식할 수 없지만, 신랑이 떠나는 때가 오면 애통하며 금식할 것이라고 말씀하십니다.

[금식과 애통의 관계]

상황	금식여부	해석
신랑(예수님)이 함께함	금식하지 않음	기쁨의 시간
신랑이 떠남(십자가/승천)	금식함	슬픔과 고통, 중보의 마음

이처럼 금식은 애통의 형태이며, 단순한 종교 행위가 아니라 예수 그리스도를 향한 결핍과 고통의 표현입니다. 애통은 신랑 없음을 애도하는 영적 반응입니다.

신랑이 없는 자들을 위한 애통

애통하는 자는 단지 자기 슬픔에 빠진 자가 아니라, 신랑 되신 예수 그리스도를 알지 못하는 자들, 즉 구원받지 못한 자들을 향해 깊은 슬픔을 느끼는 자들입니다. 이들은 그리스도를 소유한 자로서, 신랑이 없는 자들의 영적 상태에 연민을 느끼고, 그들을 위해 애통하며 복음을 전합니다.

> 복음 전파는 곧 애통입니다. 신랑을 잃은 자들을 위해 애통하고, 다시 그 신랑을 만나도록 전도하는 것입니다

사도 바울은 이 원리를 누구보다도 잘 보여주었습니다. 그는 복음을 전하기 위해 해산의 고통과 같은 수고를 기꺼이 감내했습니다. 그의 삶은 그리스도의 신부를 세우기 위한 중매자의 애통이었습니다.

팔복과 하나님의 나라: 애통의 복됨

예수님께서는 산상수훈에서 "애통하는 자는 복이 있나니 그들이 위로를 받을 것임이요"(마 5:4)라고 말씀하셨습니다. 여기서 애통은 단순한 정서가 아니라, 영적으로 죽은 자를 향한 사랑과 중보의 삶을 의미합니다. 이 애통은 마침내 하나님의 위로로 보상됩니다.

[팔복의 구조 속 '애통'의 위치]

복 있는 자	약속된 결과
마음이 가난한 자	천국이 그들의 것임
애통하는 자	위로를 받을 것임
온유한 자	땅을 기업으로 받을 것임

이 복은 현재적이고도 미래적인 의미를 동시에 지닙니다. 성령께서는 지금 우리를 위로하시며, 장차 하나님 나라에서 완전한 위로가 주어질 것입니다.

애통과 사명의 연결

하나님의 나라를 소유한 자는, 신랑이 없는 세상 사람들을 향한 깊은 애통을 품고 살아갑니다. 그 애통은 전도로 이어지고, 그들의 구원을 통해 위로로 바뀝니다. 이처럼 참된 애통은 정적인 감정이 아니라 하나님의 마음을 품고 세상 속으로 나아가는 적극적인 사명입니다.

애통과 온유: 상속자의 삶을 살아내다

μακάριοι οἱ πενθοῦντες, ὅτι αὐτοὶ παρακληθήσονταϊ

애통하는 자는 복이 있나니 그들이 위로를 받을 것임이요(마 5:4)

하나님의 나라를 상속받는 자들의 삶

팔복은 단순한 윤리적 가르침이 아닙니다. 하나님의 나라를 소유한 자들이 이 땅에서 어떤 삶을 살아가는지를 보여주는 실체입니다.

첫 번째 복과 여덟 번째 복은 '하나님의 나라가 그들의 것임이라'는 현재형으로, 나머지 여섯 복은 미래형으로 서술되어 있습니다. 이는 하나님 나라의 통치를 지금 받으며, 장차 완성될 나라를 상속받는 자들의 이중적인 시간 구조를 드러냅니다.

[팔복의 동사 시제 구조]

복번호	상태 표현	시제
1, 8	소유한다	현재형

2-7	받게 된다	미래형

하나님의 나라와 삶의 열매

하나님의 나라를 상속받기로 작정된 자들은 반드시 팔복의 삶을 이 땅에서 살아갑니다.

이는 단지 도덕적 의무가 아닌, 하나님 나라의 실제 통치 아래 있는 자들의 자연스러운 열매입니다.

[하나님 나라를 상속받은 자의 삶]

번호	삶의 형태	신학적 의미
1	마음이 가난한 자	전적인 의존, 성령을 구하는 겸손
2	애통하는 자	신랑 없는 자들 위한 중보의 슬픔
3	온유한 자	고난 속에서 길들여진 겸손함
...	...	...
8	의를 위해 박해받는 자	그리스도를 위한 삶, 증인의 삶

애통: 복음 전도의 뿌리

'애통하는 자는 복이 있나니'라는 말씀은 단순히 개인적 고난에 대한 위로가 아닙니다. 예수님은 금식과 애통을 "신랑이 배앗긴 자들을 위한 중보적 슬픔"으로 연결하셨습니다.

애통하는 자란 자신이 아닌, 신랑이 없는 자들, 예수 그리스도를 알지 못하는 자들의 비참한 영적 상태를 보고 슬퍼하는 사람입니다. 그러한 애통은 곧 복음을 전하고, 하나님의 나라를 확장시키려는 내적 동기가 됩니다.

온유: 고난을 통과한 자의 겸손

온유한 자는 복이 있나니 그들이 땅을 기업으로 받을 것임이요

μακάριοι οἱ πραεῖς, ὅτι αὐτοὶ κληρονομήσουσιν τὴν γῆν

여기서 '온유'(프라이스)는 단순히 성격이 부드럽고 유순한 자를 뜻하지 않습니다.

- 마카리오이(μακάριοι): '복 있는, 신적인 복을 누리는 자들'을 의미합니다. 이는 단순한 감정적 행복이 아니라 하나님으로부터 내려온 영적인 상태를 가리킵니다.

- 호이 프라이스(οἱ πραεῖς): '온유한 자들'로 번역되며, 일반적으로 부드럽고 성품이 착한 사람이라 이해되기 쉽지만, 성경에서의 의미는 훨씬 깊습니다. 구약 70인역에서는 '아나브' 혹은 '아니'와 연결되어 '고닌딩하는 자', '겸손한 자', '억눌린 자'로 사용됩니다.

- 클레로노메수신 (κληρονομήσουσιν): '상속받다', '기업으로 받다'는 뜻의 동사로, 구약 히브리어 "야라시"와 대응됩니다. 이는 점령하다, 탈취하다, 전투를 통해 얻는 개념을 포함합니다.

70인역(Septuagint)과 히브리어 구약에서는 다음과 같은 단어로 대응됩니다:

[프라우스(온유)의 구약 대응어]

히브리어	의미
'ani	가난한, 억압받는, 고난받는자
'anav	비천한, 겸손한, 낮아진 자
'anah	고통당하다, 억눌리다, 굴복하다

온유는 단순한 성격이 아니라, 고난을 통해 훈련되고 길들여진 영혼의 상태입니다. 예수님은 "나는 마음이 온유하고 겸손하니"라고 말씀하시며, 이 속성을 자신의 사역적 본질로 제시하셨습니다(마 11:28-30).

예수님께서 말씀하신 '땅'은 단순히 물질적 토지를 가리키는 것이 아닙니다. 구약의 이스라엘 백성이 가나안 땅을 기업으로 받았듯이, 신약의 성도는 '새 하늘과 새 땅', 곧 영원한 하나님 나라를 상속받습니다.

여기서 '클레로노메오'는 단순한 수동적 수령이 아니라 '전투를 통해 획득하는 것', '점령하다'는 의미를 포함합니다. 이는 신자가 이 세상에서 마귀의 권세와 싸우며 믿음을 지키고 인내함으로써 영원한 기업에 이르는 것을 상징합니다.

구약에서 이스라엘이 가나안을 점령하는 과정은 온유한 자가 땅을 상속받는 신약의 실체를 예표합니다. 하나님은 각 지파에게 땅을 분배하셨지만, 실제 점령은 전쟁과 순종을 통해 이루어졌습니다. 이처럼 신자도 영적 전투를 치르며 그리스도의 남은 고난을 채워 가는 삶을 살아야 합니다.

성령의 통치와 상속자의 삶

온유한 자들은 하나님의 나라를 기업으로 받게 됩니다. 그러나 이 상속

은 미래에만 주어지는 것이 아니라, 지금도 통치 속에서 살아가는 '이미'
와 '아직'의 차원에서 경험됩니다.

온유함 → 고난의 수용 → 하나님의 통치 인식 → 미래의 기업 확신

이 온유한 자들은 세상에서 비천하게 보일지라도, 그들은 진정한 의미
에서 하나님의 상속자입니다. 이들은 복음을 전하며, 애통함 속에서 그리
스도의 형상을 이뤄갑니다.

가시채를 거스르는 자의 고통

사도행전 9장에서 예수님은 사울에게 이렇게 말씀하십니다.

가시채를 거스르며 발길질하기가 네게 고생이니라

이 가시채는 고대 농경문화에서 사용된 도구로, 밭을 가는 소가 말을 듣
지 않을 때 소몰이꾼이 뒤에서 찌르는 나무 막대기였습니다. 끝부분에 뾰
족한 못을 빅아 소가 거부감을 느끼도록 만들었습니다. 소가 이 가시채를
거스르며 뒷발질을 할 경우, 결국 자기 뒷발꿈치를 찔러 상처를 입게 됩니
다.

예수님께서는 사울이 하나님의 뜻을 거스르며, 예수 믿는 자들을 박해
하는 것을 마치 가시채를 발로 차는 어리석은 행위로 보셨습니다. 그 발길
질이 결국 자신을 고통스럽게 만든다는 뜻입니다. 하나님의 계획에 맞서
싸우는 일은 언제나 헛된 저항이며, 영적 자해와도 같습니다.

사람의 멍에와 예수님의 멍에

마태복음 11장 28절에서 예수님은 다음과 같이 말씀하십니다.

수고하고 무거운 짐 진 자들아 다 내게로 오라. 내가 너희를 쉬게 하리라

예수님은 사람의 교훈과 전통, 조상들의 유전 등 인간이 만들어낸 무거운 멍에에서 벗어나도록 우리를 초대하십니다. 그 짐은 율법주의와 종교적 관습으로 대표되며, 우리를 자유롭게 하지 못하고 오히려 짓누릅니다.

그러나 예수님의 멍에는 다릅니다. 그 멍에는 '쉬움'(크레스토스), 곧 적합하고 유익한 것입니다. 우리가 예수님과 함께 멍에를 메고 걸어갈 때, 그분은 이미 짐의 무게를 함께 지고 계시기에 우리의 영혼은 진정한 쉼을 얻게 됩니다.

멍에의 본질과 유대 전통

'멍에'는 두 마리 소를 나란히 묶어(짝을 지어) 함께 밭을 갈게 하는 도구입니다. 이는 그리스도와 함께 걷는 삶을 상징합니다. 성경은 이 연합을 통해 방향성과 일치를 이룬다고 말합니다.

유대 전통에서도 '멍에(쥬고스)'는 중요한 개념입니다. 예수님 당시 존재하던 쥬고트(짝) 학파의 일원이었던 힐렐과 샤마이 학파는 이 멍에의 개념을 신앙적 훈련으로 여겼습니다. 그러나 그들은 오히려 인간의 전통과 율법적 해석에 얽매여 진리 자체를 놓쳤습니다.

예수님은 요한복음 8장에서 바리새인들에게 말씀하셨습니다.

진리가 너희를 자유케 하리라(요 8:32)

아들이 너희를 자유케 하리라(요 8:36)

그러나 그들은 "우리는 아브라함의 자손으로서 종된 적이 없다"고 대답합니다. 그들의 말은 자신들의 멍에가 무엇인지조차 모른 채 짐을 지고 있는 상태를 드러냅니다. 율법과 인간 전통이라는 짐을 지고 자유하지 못한 이들에게 예수님은 참된 자유와 쉼을 주시고자 했습니다.

예수님의 온유함과 그 멍에의 의미

예수님은 "나는 마음이 온유하고 겸손하니 나의 멍에를 메고 내게 배우라"고 말씀하셨습니다. 여기서 '온유함'(프라우스)은 단순한 유약함이 아니라, 고난과 훈련을 통해 체득된 힘의 절제입니다.

예수님의 멍에는 외형상 무겁고 고난으로 가득 차 보이지만, 실제로는 참된 쉼으로 나아가는 길입니다. 고대 이스라엘의 성막을 보면, 겉은 해달 가죽으로 덮여 있어 어둡고 무거워 보였으나, 안쪽은 금으로 장식된 찬란한 곳이었습니다. 마찬가지로, 그리스도의 멍에는 외적으로는 험난하지만, 내면적(영적)으로는 복되고 찬란합니다.

[멍에 비교표]

항목	사람의 멍에	예수님의 멍에
출처	율법, 전통, 관습	복음, 진리, 은혜
결과	억압과 피곤	쉼과 자유
무게	무겁고 고통스러움	쉽고 가벼움

상징	종교적 구속	구속에서의 자유

그리스도의 고난을 채우는 자들

사도 바울은 골로새서 1장 24절에서 이렇게 고백합니다.

나는 이케 너희를 위하여 받는 고난을 기뻐하고, 그리스도의 남은 고난을 그의 몸 된 교회를 위하여 내 육체에 채우노라

바울은 자신이 짊어진 그리스도의 멍에를 영광으로 여깁니다. 복음을 위해 당하는 고난은 단순한 고생이 아니라, 교회를 위한 헌신이며 주님의 고난에 동참하는 통로입니다.

우리는 바울을 통해 온유한 자의 정체성을 알 수 있습니다. 온유한 자는 고난을 통해 낮아지고, 자아를 죽이며, 예수 그리스도의 형상을 이루어 가는 자입니다. 이런 자들이 결국 땅을 기업으로 받는다고 예수님은 선언하십니다(마 5:5).

진정한 멍에의 초대

예수님께서 말씀하신 멍에는 단지 새로운 종교적 틀을 의미하지 않습니다. 그것은 생명이며, 자유이며, 쉼입니다. 그분의 멍에는 우리가 질 수 있는 유일한 참된 멍에입니다. 그 멍에는 고난이 있으나, 그 안에 진정한 평안이 있습니다.

의에 주리고 목마른 자가 받는 복

μακάριοι οἱ πεινῶντες καὶ διψῶντες τὴν δικαιοσύνην,
ὅτι αὐτοὶ χορτασθήσονταϊ

의에 주리고 목마른 자는 복이 있나니, 그들이 배부를 것임이요(마 5:6)

이 본문은 문법적으로 주절과 종속절로 구성된 복문입니다. "마카리오이"는 복 있는 자들이라는 형용사적 명사로, 여기서 말하는 '복'은 단순한 세속적 만족이 아닌 하나님의 복됨에 참여하는 상태를 의미합니다. 종속절의 도입자인 '호티'는 '왜냐하면'이라는 접속사로, 주절의 복 있는 상태에 대한 이유 혹은 결과를 설명해 줍니다.

"배부를 것"으로 번역된 "χορτασθήσονταϊ(chortasthēsontai)"는 미래 수동태 동사(신적 수동태)로, 능동적으로 만족하는 것이 아니라 하나님에 의해 만족을 '당하는' 상태를 의미합니다.

'배부르다'의 헬라어 의미

헬라어 단어	발음	의미
$\chi o \rho \tau \acute{\alpha} \zeta \omega$	코르타조	(짐승에게) 꼴을 실컷 먹이다, 배부르게 하다, 만족시키다

"$\chi o \rho \tau \acute{\alpha} \zeta \omega$: 코르타조"는 본래 목초(꼴)를 먹는 가축을 묘사할 때 쓰이는 단어로, 목자가 양에게 풀을 먹이는 모습을 연상시킵니다. 이는 단순히 배고픔이 해결되는 차원을 넘어, 영적 풍성함과 만족을 상징합니다. 본문의 수동태는 하나님께서 직접 우리를 꼴로 먹이시는 능동적 행위를 강조합니다(신적 수동태).

의에 주리고 목마르다 함은?

이 구절에서 말하는 '의'는 단순한 도덕적 올바름을 말하지 않습니다. 헬라어 '디카이오쉬네($\delta \iota \kappa \alpha \iota o \sigma \acute{\nu} \nu \eta$)'는 성경 전체에서 하나님과의 바른 관계를 뜻합니다. 아브라함이 믿음을 의로 여김 받았던 것처럼, 참된 '의'는 예수 그리스도를 믿는 믿음에서 비롯되는 관계적 개념입니다.

개념	내용
의	하나님과의 바른 관계
믿음의 의	예수 그리스도를 믿는 믿음
의의 주체	예수 그리스도 자신(고전 1:30)

우리가 주리고 목말라야 할 대상은 단지 추상적인 '의'가 아니라, 그리스도 자신이며, 그리스도께로부터 오는 의입니다. 이 의에 대한 갈망은 곧 예수 그리스도에 대한 갈망입니다.

생명의 떡과 영적 만족

요한복음 6장에서 예수님은 자신을 생명의 떡이라 하셨습니다.

나는 생명의 떡이니, 내게 오는 자는 결코 줄이지 아니할 터이요, 나를 믿는 자는 영원히 목마르지 아니하리라(요 6:35)

헬라어 원문에서 '믿는다'는 동사는 직접 목적어를 가지기보다는 전치사 $\varepsilon i \varsigma$, $\acute{\varepsilon} \nu$ 등과 함께 사용되어, '그리스도 안으로 들어가는 것', '그 안에 거하는 것'을 의미합니다.

동사	전치사	의미
피스튜오	$\varepsilon i \varsigma$, $\acute{\varepsilon} \nu$	그리스도 안으로 들어가다, 그분 안에 거하다

믿음은 단순히 그리스도를 믿음의 대상화하여 믿는 것이 아니라, 그리스도 안에 존재하고 살아가는 삶입니다. 이러한 믿음은 그리스도에게서 나오는 것이며, 우리의 능력이 아닌 은혜로 주어진 것입니다.

주님의 목마름과 마태복음 25장

예수님께서 마태복음 25장에서 양과 염소의 비유를 통해 하신 말씀은 매우 중요합니다.

내가 줄일 때 너희가 먹을 것을 주었고, 목마를 때 마시게 하였고, 나그네 되었을 때 영접하였고...(마 25:35)

주님은 자기 형제들 중 가장 작은 자에게 행한 모든 것을 자기 자신에게 행한 것으로 간주하십니다. 여기서 작은 자란 누구입니까?

표현	의미
줄인 자	영적 양식이 결핍된 자
목마른 자	말씀의 생수를 마시지 못한 자
벗은 자	그리스도로 옷 입지 못한 자
옥에 갇힌 자	진리 안에 있지 못하고 죄에 매인 자
나그네 된자	교회 공동체에서 분리된 자

예수님은 그분의 몸(지체)인 교회, 곧 형제자매 한 사람 한 사람의 상태를 자신의 상태로 동일시하십니다. 그러므로 누군가를 복음으로 채워줄 때, 주님 자신을 만족케 한 일로 여겨진다는 말씀입니다.

복을 받은 자의 정체성과 사명

마카리오이(μακάριοι)는 단순히 "복이 있다"는 선언이 아니라, 하늘의 복을 이미 받은 상태에 있는 자를 뜻합니다. 마태복음 5장의 팔복은 '행위'를 칭찬한 것이 아니라, 이미 복을 받은 자들의 상태와 특징을 선언한 것입니다.

구분	내용
마카리오이	신적 복됨에 참여한 자
복받은 자	예수 그리스도로 인해 생명을 소유한 자
복의 정체	그리스도 자신(유로게오, 유앙겔리온과 연결됨)

복을 받은 자는 복을 나누는 자입니다. 생명의 떡을 먹고 마신 자는, 그 떡을 또 다른 지체에게 나눠줄 사명을 가진 자입니다. 그들이 가장 작은 자에게 베푸는 사랑은 곧 그리스도의 몸(지체)을 채우는 행위가 됩니다.

영적 전투와 상속 개념

마태복음 5장 6절과 25장을 통틀어 볼 때, 우리는 이 땅에서 영적 전투 가운데 하늘 기업을 향해 나아가는 순례자들입니다. 상속받은 땅에는 항상 대적하는 세력이 있으며, 우리는 그 땅을 침노하고 점령해야 할 자들입니다.

세례 요한의 때부터 지금까지 천국은 침노를 당하나니, 침노하는 자는 빼앗느니라(마 11:12)

구분	개념
클레로노메오	상속받다, 기업을 얻다
야라쉬	점령하다, 몰아내다
바실레이아	왕국, 하나님 나라

천국은 수동적으로 주어지는 것이 아니라, 복음으로 무장된 자들이 믿음으로 점령해 가는 영적 전투의 대상입니다. 우리는 이 전투에서 주님께 받은 복을 증거하고 나누며, 아직 그리스도 밖에 있는 형제들을 찾고, 입히고, 먹이고, 해방시키는 자로 부르심 받았습니다.

주리지 않고 목마르지 않는 복

의에 주리고 목마른 자는 복이 있나니 그들이 배부를 것임이요

이 말씀은 단지 한 문장의 선언이 아니라, 그리스도를 갈망하는 모든 성도가 살아가는 영적 삶의 여정입니다. 주님은 스스로를 생명의 떡이요, 생명의 물이라 하셨고, 그분 안에 거하는 자는 결코 주리지도, 목마르지도 않는다고 하셨습니다.

그러나 세상에는 여전히 주님의 몸(지체)이 완성되지 못한 상태로 남아 있습니다. 복을 받은 자로서의 우리의 사명은 분명합니다. 가장 작은 자에게 가서, 그리스도를 전하고, 그들을 채우는 일입니다. 그것이 곧 주님을 배부르게 하는 일, 곧 참된 예배의 행위입니다.

긍휼히 여기는 자와 마음이 청결한 자

μακάριοι οἱ ἐλεήμονες, ὅτι αὐτοὶ ἐλεηθήσονται.

μακάριοι οἱ καθαροὶ τῇ καρδίᾳ, ὅτι αὐτοὶ τὸν θεὸν ὄψονται.

**7긍휼히 여기는 자는 복이 있나니 그들이 긍휼히 여김을 받을 것임이요
8마음이 청결한 자는 복이 있나니 그들이 하나님을 볼 것임이요(마 5:7-8)**

1. 팔복의 흐름 속에서의 위치

예수님의 산상수훈은 하나님 나라 백성의 본질과 삶을 보여주는 거대한 선언입니다. 특히 팔복은 복 있는 자의 상태와 그에 따르는 하늘의 약속을 담고 있는데, 이는 단순한 윤리적 훈계가 아니라 신자의 정체성과 은혜 안에 있는 자의 상태를 선포하는 말씀입니다. 그중에서 오늘 우리가 살펴볼 말씀은 여섯째와 일곱째 복인 "긍휼히 여기는 자"와 "마음이 청결한 자"에 대한 선언입니다. 이 두 복은 각각 하나님과의 관계, 이웃과의 관계, 그리고 그 안에 나타나는 하나님 나라의 내적 생명력을 깊이 있게 보여줍니다.

2. 긍휼히 여기는 자는 복이 있나니

μακάριοι οἱ ἐλεήμονες, ὅτι αὐτοὶ ἐλεηθήσονταϊ

직역하면 "긍휼히 여기는 자들은 복이 있나니, 그들이 긍휼히 여김을 받을 것이기 때문이다"라는 뜻입니다. 여기서 "엘레에모네스"는 자비로운 사람, 즉 긍휼을 베푸는 자를 뜻하며, "엘레에데손타이"는 수동태 미래형으로 '긍휼히 여김을 받게 될 것'이라는 뜻입니다.

여기에서 중요한 문법적 요소는 바로 신적 수동태입니다. 이는 행위자가 명시되지 않았으나 문맥상 하나님께서 그 행위자이심을 전제로 하는 수동 표현입니다. 즉, 긍휼히 여기는 자는 장차 하나님께 긍휼히 여김을 받게 될 것이라는 확고한 약속이 이 짧은 문장 안에 내포되어 있는 것입니다.

2.1 긍휼의 성경적 의미

'긍휼'이라는 단어는 단순히 누군가를 '불쌍히 여긴다'는 의미를 넘어서, 그 사람의 필요를 알고 실제적으로 반응하는 사랑을 의미합니다. 구약에서는 히브리어 '헷세드(חֶסֶד)'가 이에 해당하며, 이는 하나님의 언약적 사랑, 언약에 근거한 신실하고도 자비로운 태도를 가리킵니다. 신약의 '엘레오스'(ἔλεος) 또한 동일하게 하나님의 은혜와 자비를 나타내며, 이는 무조건적이고 실제적인 도움으로 나타납니다.

2.2 선한 사마리아인의 예

이 말씀을 보다 구체적으로 보여주는 성경적 예는 바로 선한 사마리아인의 비유입니다(눅 10:30-37). 제사장과 레위인은 강도 만난 자를 지나쳐 가지만, 사마리아인은 기름과 포도주를 부어 상처를 싸매고, 자기 짐승에 태워 여관으로 데리고 가서 치료해 줍니다. 이는 단순한 감정적 동정보다 더 깊은, 생명을 회복시키는 행동하는 자비였습니다.

예수님은 이 비유를 통해 긍휼을 단지 '마음으로 느끼는 것'이 아니라 실제적인 행동으로 옮기는 것임을 보여주십니다. 긍휼이란, 죽어가는 자를 살리는 행동입니다. 주님께서도 바로 그런 긍휼을 통해 우리를 살리셨습니다. 죄로 인해 죽을 수밖에 없는 우리를 위해 십자가에서 죽으심으로 하나님의 긍휼을 나타내셨고, 우리도 이제 그런 긍휼을 세상 가운데 실천해야 할 것입니다.

2.3 주기도문과 긍휼의 순환

마태복음 6장에 나오는 주기도문에서도 "우리가 우리에게 죄 지은 자를 사하여 준 것 같이 우리 죄를 사하여 주옵시고"라는 말씀은 긍휼의 순환 원리를 잘 보여줍니다. 이는 조건적 용서라기보다는, 하나님의 긍휼을 입은 자는 반드시 긍휼을 실천하게 된다는 내적 본질의 표현입니다.

예수님께서 마태복음 18장에서 말씀하신 일만 달란트 빚진 자의 비유를 통해 이 원리를 더욱 강조하셨습니다. 자신은 도저히 갚을 수 없는 빚을 탕감받았음에도 백 데나리온 빚진 동료를 용서하지 않은 사람은 결국 주인의 분노를 사서 그 탕감받은 빚 전체가 취소되고 감옥에 갇히게 됩니다. 이것은 은혜를 진실로 깨닫지 못한 자의 모습이며, 진정으로 긍휼을 입은 자는 긍휼을 흘려보낼 수밖에 없다는 진리를 명확히 드러냅니다.

3. 마음이 청결한 자는 복이 있나니

μακάριοι οἱ καθαροὶ τῇ καρδίᾳ, ὅτι αὐτοὶ τὸν θεὸν ὄψονταϊ

직역하면, "복이 있는 자들이여, 마음 안에서 깨끗한 자들이여. 그들이 하나님을 볼 것이다"는 뜻입니다.

여기서 'καθαροὶ'(카타로이)는 '깨끗한', '정결한'이라는 뜻의 형용사로서, '카타이로'(깨끗이 하다)라는 동사에서 파생된 단어입니다. '카르디아'는 신체 기관으로서의 '심장'이 아니라, 성경적 의미로서 인간의 내면, 중심, 인격과 의지의 자리를 가리킵니다. 마지막 '옵손타이'(ὄψονταϊ)는 '보다'라는 뜻의 미래형 중간태로서, 단순히 육안으로 본다는 의미를 넘어서 하나님과 인격적 교제를 이루는 영적 '봄'을 뜻합니다.

3.1 청결함의 의미: 외적 순결인가, 내면적 정결인가?

예수님께서 여기서 말씀하신 청결은 단지 외적인 도덕적 순결이나 형식적 의로움을 말하는 것이 아닙니다. 바리새인들의 외식은 겉은 정결하나 속은 탐욕과 악독으로 가득 차 있었고, 예수님은 이들을 "회칠한 무덤"이라 칭하셨습니다. 예수님이 말씀하신 '마음의 청결'은 속사람 안에서의 정결함이며, 말씀에 의해 불순한 동기, 탐욕, 음욕, 자만 등이 제거된 상태입니다. 곧 하나님 앞에서 숨김없고, 가식 없고, 온전한 진실함으로 나아가는 태도입니다.

3.2 요한복음 15장과의 연결: 전정 작업으로서의 청결

예수님께서 포도나무와 가지 비유에서 말씀하셨듯이, 열매를 맺는 가지는 농부 되신 하나님께서 더 많은 열매를 맺게 하시기 위해 '깨끗하게 하신다'고 하셨습니다.

이때 쓰인 동사가 '카타이로'인데, 이는 오늘 본문 "καθαροὶ'(카타로이)'의 동사형입니다.

즉, 마음이 청결한 자는 열매 맺기 위해 불필요한 것을 제거한 자들이며, 말씀으로 정결하게 된 자들입니다.

[전정 작업 비유]

비유요소	의미
포도나무	예수 그리스도
가지	성도
전정작업	말씀을 통해 제거되는 죄성과 불순물
열매	그리스도의 성품과 말씀의 삶의 열매

하나님은 말씀과 성령으로 우리의 마음을 정결하게 하십니다. 이 정결함은 그리스도의 생명으로 채워질 때만 이루어지며, 인간 스스로의 수행이나 명상으로는 결코 도달할 수 없습니다.

4. 하나님을 본다는 약속의 의미

본문은 청결한 자가 하나님을 보게 될 것이라고 선언합니다. 여기서 '보다'(ὁράω)는 단순히 '시각적으로 보는 것'을 의미하지 않습니다. 헬라어에는 여러 '보다'라는 동사가 있지만, 'ὁράω; 호라오'는 영적 식별, 인격적

인식, 실재에 대한 만남을 포함하는 단어입니다.

4.1 구약의 하나님 체험과 비교

구약에서 하나님을 본 자들은 하나같이 두려워 떨었습니다. 모세는 하나님의 얼굴을 볼 수 없었고, 이사야는 하나님의 보좌 환상을 보고 "화로다, 나여 망하게 되었도다"라고 고백했습니다. 하지만 예수 그리스도께서 인간의 몸으로 오셔서 하나님의 형상을 보여주셨습니다.

예수님은 "나를 본 자는 아버지를 보았느니라"(요 14:9)고 하셨고, 요한복음 1장에서는 예수 그리스도를 '로고스(말씀)'라 부르며 "우리는 그의 영광을 보았다"고 선언합니다.

4.2 사도 요한과 베드로의 고백

사도 요한은 요한일서 1장 1절에서 "우리가 들은 바요, 눈으로 본 바요, 자세히 보고 손으로 만진 바 생명의 말씀"이라 고백합니다. 이것은 생명의 말씀이 육신이 되어 오신 예수님 안에서 '하나님을 보았다'는 선언입니다. 베드로 역시 주님께서 주시는 생명의 말씀 앞에서 "주여 영생의 말씀이 주께 있사오니 우리가 누구에게로 가오리이까"라고 고백하며, 영생의 말씀을 통해 하나님을 '본' 것입니다.

이처럼 마음이 청결한 자만이 영생의 말씀이신 주님을 볼 수 있고, 주님을 본 자만이 영생을 누리게 됩니다. 이 '봄'은 현세에서의 영적 연합(하나됨)을 포함하며, 종말론적으로는 새 하늘과 새 땅에서의 완전한 하나님 대면으로 성취될 것입니다.

5. 청결한 삶의 실천

하나님을 보고자 하는 자는 자기 마음을 스스로 비워야 한다고 생각할 수 있습니다. 그러나 인간은 스스로 마음을 비울 수 없습니다. 죄의 본성이 너무도 깊기 때문입니다. 성경은 우리에게 비우라고만 말하지 않습니다. 오히려 그리스도의 말씀으로 채우라고 명령합니다. 그리스도의 말씀이 내 안에 충만히 거할 때, 자연스럽게 불순한 것들은 제거됩니다.

'비움'이 아니라 '채움'이 본질입니다.

- 말씀 묵상과 기도를 통해 그리스도의 생명으로 마음을 채우십시오.

- 성령께서 말씀을 통해 우리 속에 있는 탐욕, 음욕, 교만, 시기심 등을 드러내실 때, 그것을 인정하고 회개하십시오.

- 청결한 마음은 인간의 의지로 이룰 수 있는 것이 아니라, 하나님께서 이루시는 은혜의 선물입니다.

6. 청결한 자의 열매 맺는 삶

마음이 청결한 자는 단순히 내면이 고요하고 순수하다는 추상적 상태에 그치지 않습니다. 성경이 말하는 청결은 반드시 삶의 열매로 연결됩니다. 예수님께서 말씀하셨듯이, 좋은 나무는 좋은 열매를 맺고, 부패한 나무는 악한 열매를 맺습니다(마 7:17). 마음이 청결한 자는 결국 그 내면에 주님의 생명이 거하기에, 그 삶의 언어와 행위에서도 반드시 그리스도의 향기를 드러내게 됩니다.

사도 바울은 갈라디아서 5장에서 성령의 열매를 말하며, 그 첫 번째 열매로 '사랑'을 언급합니다. 이 사랑은 하나님 사랑과 이웃 사랑으로 드러나며, 결국 '긍휼히 여기는 자'로 연결됩니다. 즉, 청결한 마음은 반드시 긍휼을 낳고, 긍휼은 다시 내면의 정결함을 지속적으로 유지시키는 선순환을 이룹니다.

이러한 삶은 고린도후서에서 말하는 바와 같이, 우리가 '거울을 보는 것처럼 주의 영광을 보며', 그분의 형상으로 점점 변화되어 가는 삶입니다. 마음이 청결한 자는 하나님을 보고, 하나님을 보는 자는 하나님을 닮아갑니다. 그리고 그 닮음은 삶의 변화로, 열매로 이어집니다.

7. 팔복의 종말론적 구조와 현재적 적용

팔복은 일곱 가지 혹은 여덟 가지의 성품을 나열한 도덕적 교훈이 아니라, 하나님 나라 백성의 정체성을 선언하는 예수님의 왕국 선포문입니다. 복 있는 자는 단지 '바람직한 인간상'이 아니라, 하나님 나라에 이미 참여한 자들입니다. 그리고 그들은 현재의 삶 속에서 그 나라의 통치를 경험하며, 장차 완전한 하나님의 나라가 임할 때 그 약속의 성취를 누릴 자들입니다.

팔복에서 눈에 띄는 구조는 복의 선언 뒤에 주어진 종말론적 보상 구조입니다.

복있는 자의 상태	약속된 보상	시제
마음이 청결한 자	하나님을 볼 것임이요	미래
긍휼히 여기는 자	긍휼히 여김을 받을 것임이요	미래
심령이 가난한 자	천국이 그들의 것임이요	현재

이 구조는 현재와 미래의 긴장을 동시에 보여줍니다. 하나님 나라는 이미 임하였고, 아직 완성되지 않았습니다. 신자는 그 나라에 이미 들어와 있지만, 그 충만한 영광은 아직 기다리고 있습니다. 그래서 우리는 지금 현재, 그리스도의 말씀을 따라 살아가며, 그날의 보상을 믿음으로 바라보는 자들입니다.

긍휼히 여기는 자는 이미 하나님께 긍휼을 받은 자이며, 마음이 청결한 자는 이미 하나님을 향한 시선을 가지고 살아가는 자입니다. 그러나 그 완전한 긍휼, 완전한 대면은 마지막 날에 성취될 것입니다.

8. 요약 및 적용

이제까지 우리는 마태복음 5장 7절과 8절을 중심으로, 긍휼히 여기는 자와 마음이 청결한 자의 복에 대해 원어적, 신학적, 실천적 관점에서 깊이 살펴보았습니다.

- 긍휼은 하나님께 받은 자비를 이웃에게 흘려보내는 은혜의 통로입니다.

- 청결은 내면의 정결함으로부터 시작하여 삶의 열매로 드러나는 하나님의 역사입니다.

- 이 둘은 분리될 수 없는 하나님 나라 백성의 내면과 외면의 성품이며, 우리가 그리스도 안에 있을 때 반드시 나타나게 되는 복된 증거입니다.

우리는 이제 이 말씀을 단지 지식으로 아는 데서 그치지 말고, 실제로 삶에서 긍휼을 실천하고, 마음을 말씀으로 정결하게 하며, 그리스도 안에서 하나님을 더욱 깊이 '보는' 자들이 되어야 하겠습니다.

　그럴 때에야 우리는 산상수훈의 진정한 수혜자로서, 이미 복을 받은 자로서의 삶을 살게 될 것이며, 장차 하나님의 영광 앞에 서는 복을 확신 가운데 기다릴 수 있을 것입니다.

화평하게 하는 자의 복(마 5:9)

1. 팔복의 구조 안에서 제7복의 위치

예수님의 산상수훈은 하나님 나라 백성의 존재와 삶을 총체적으로 선포하는 말씀입니다. 그중 팔복은 총 여덟 개의 복을 통해 하나님 백성의 내면 상태와 그에 따른 축복을 계시하십니다. 그 일곱 번째 복인 "화평하게 하는 자는 복이 있나니"는 단순히 갈등을 피하는 차원을 넘어서, 하나님과 사람, 사람과 사람 사이의 화해 사역을 감당하는 자의 영광스러운 정체성을 드러냅니다.

2. 헬라어 원문 해설과 문법적 구조

본문 마태복음 5장 9절은 헬라어로 다음과 같이 되어 있습니다:

μακάριοι οἱ εἰρηνοποιοί, ὅτι αὐτοὶ υἱοὶ θεοῦ κληθήσονταϊ

직역하면, "화평하게 하는 자들은 복이 있다, 왜냐하면 그들이 하나님의 아들들이라 불릴 것이기 때문이다"입니다.

- 에이레노포이오이(εἰρηνοποιοί): '에이레네'(평화) + '포이에오'(행하다) 의 합성어로, '평화를 실천하는 자들', 즉 '화평케 하는 자들'을 뜻합니다.

- 클레데손타이(κληθήσονταϊ): '불리게 되다'는 의미의 미래 수동태 동사로, 하나님에 의해(문장에서 생략됨) 공식적으로 인정되고 불려질 것을 뜻합니다.

이 문장은 동사가 생략된 헬라어 특유의 축약 문장으로, 사실상 선언문이며 존재적 진술입니다. '마카리오이'(복이 있도다)는 헬라 철학에서 신적인 복과도 연결되며, 여기서는 하늘에 속한 존재로서의 복을 나타냅니다.

3. '하늘에 속한 자'의 정체성과 평화의 성격

팔복 전체의 구조를 보면 첫째 복과 여덟째 복은 현재형으로, 나머지 복들은 미래형입니다. 이는 하나님 나라의 복이 이미 임했지만 아직 완성되지 않은 '이미와 아직'의 긴장 속에 있다는 것을 보여줍니다.

복의 순서	상태	보상	시제
1복	심령이 가난한 자	천국이 그들의 것임	현재
7복	화평하게 하는 자	하나님의 아들이라 불림	미래
8복	의를 위하여 박해받는 자	천국이 그들의 것임	현재

'화평하게 하는 자'는 단순히 중재자나 분쟁 해결자가 아니라, 그리스도

의 평화(에이레네)를 삶과 말로 실천하여 공동체 안에 하나님 나라를 드러내는 사역자입니다. 이들은 하늘에 속한 자들이며, 하나님의 명령을 이 땅에서 수행하는 거룩한 사자들 곧 하나님의 아들들입니다.

4. 예수님의 평화: 세상이 줄 수 없는 평안

요한복음 14장 27절에서 예수님은 "내가 너희에게 평화를 주노라. 내가 주는 평화는 세상이 주는 것과 같지 않다"고 말씀하십니다. 세상의 평화는 외적 조건에 기반하지만, 주님이 주시는 평화는 십자가의 희생에 기반한 내적 화해입니다.

에베소서 2장 14절은 예수 그리스도를 "우리의 화평이시라"고 선포하며, 유대인과 이방인 사이의 담과 위의 세상과 아래 세상 사이의 담, 그리고 성소와 지성소 사이의 담을 허물고 새로운 공동체, 새로운 사람을 창조하셨다고 말합니다. 그분은 화평의 근원이시며, 우리 안에 평화가 없다는 것은 그리스도의 통치가 결핍되어 있다는 신호입니다.

5. 화평을 이루는 방식: 소금과 화목제의 상징

마가복음 9장 50절은 "너희 속에 소금을 두고 서로 화목하라"고 명령합니다. 소금은 고대 언약의 상징으로 변치 않는 관계, 신실한 화해를 나타냅니다. 구약의 제사 중 '화목제'는 이미 죄 사함을 받은 자가 자발적으로 드리는 감사의 제사였고, 이는 하나님과의 평화로운 관계 속에서만 가능한 것이었습니다.

소금은 결코 변하지 않는 성질을 가지고 있습니다. 따라서 소금 언약은 영원한 관계성을 의미합니다. 예수 그리스도는 어제나 오늘이나 영원히 동일하신 분이므로, 소금 언약의 실재이시며 주체가 되신 분입니다. 누구든지 서로 영원한 화해를 이루려면, 반드시 영원히 존재하시는 예수 그리스도를 소유하여 자신들의 속에 두어야만 영원한 화해(εἰρήνη, 평화)가 완성됩니다.

예수 그리스도는 십자가에서 우리를 위한 화목제물로 드려졌습니다. 그는 하나님과 죄인 사이의 막힌 담을 허무셨고, 이제 우리는 그분 안에서 평화의 통로가 되었습니다. 평화를 행한다는 것은 곧 화평이신 그리스도를 전달하고, 증거하고, 복종하는 삶을 의미합니다.

[평화의 예표 구조]

개념	구약 상징	성취	신자의 역할
평화	화목제, 소금 언약	예수 그리스도의 십자가	화해의 도구, 복음 전달자

6. 교회 안의 평화와 영적 분별

고린도전서 14장 33절은 "하나님은 무질서의 하나님이 아니요, 오직 평화의 하나님이시니라"고 말합니다. 하나님께서 소유하신 속성은 평화이며, 그분의 임재가 있는 곳에는 질서, 연합, 용서, 회복이 나타납니다.

그렇기 때문에 교회는 무엇보다 '화평의 문화'를 드러내야 합니다. 교회의 구성원들은 소금처럼 각자의 자리를 지키며 서로 화해하고 연합해야 합니다. 이는 단순히 분쟁을 없애는 것이 아니라, 예수 그리스도의 통치를 함께 고백하는 공동체로 살아가는 일입니다.

7. 화평을 파괴하는 영적 세력

에베소서 6장에 따르면 우리의 싸움은 혈과 육에 대한 것이 아니라, 보이지 않는 어두움의 악한 영적 세력들과의 싸움입니다. 이들은 평화를 가장 두려워하며, 평화를 파괴함으로써 교회를 무너뜨리려 합니다. 평화를 이루는 자는 결국 영적 전쟁의 전선에서 승리하는 자입니다.

그렇기에 우리는 예수 그리스도 안에서 마음의 평안을 유지해야 하며, 사탄이 흔들 수 없는 견고한 소금 언약과 믿음의 무장으로 평화를 수호해야 합니다.

8. 결론: 하나님의 아들로 불리는 복

화평을 이루는 자는 하나님의 아들로 불릴 것입니다. 이는 단지 칭호의 문제가 아니라, 하나님의 뜻을 이 땅에 실현하는 자로서 하늘의 신분과 정체성을 지닌 자라는 뜻입니다. 그들은 자신을 희생하며, 그리스도의 평화를 전하고, 교회 안팎에서 하나님 나라의 질서를 구현하는 삶을 삽니다.

하나님이 아들은 곧 그리스도의 사역을 계승한 자이며, 궁극적으로 새 하늘과 새 땅에서 하나님을 뵙고 그분과 영원한 화평을 누릴 자입니다.

의를 위하여 박해받는 자(마 5:10)

μακάριοι οἱ δεδιωγμένοι ἕνεκεν δικαιοσύνης, ὅτι αὐτῶν ἐστιν ἡ βασιλεία τῶν οὐρανῶϊ

의를 위하여 박해를 받은 자는 복이 있나니 천국이 그들의 것임이라(마 5:10)

팔복의 마지막 복 – 하늘에 속한 자들의 사명과 고난

예수께서 말씀하신 팔복 중 마지막 복은 "의를 위하여 박해를 받은 자는 복이 있나니 천국이 그들의 것임이라"(마 5:10)는 선언으로 끝맺습니다. 첫 번째 복과 마찬가지로 이 복 역시 동사 시제가 현재형으로 되어 있다는 점에서, 복이 단지 미래의 소망이 아니라 현재적 실제임을 강조합니다. 곧 하나님의 나라의 통치를 받고 있는 이들은 이미 하늘에 속한 자들로, 이 세상에 살면서도 위의 것을 추구하며 살아가는 자들입니다.

이러한 자들은 하나님 나라의 전권대사로 파송된 이들입니다. 요한복음 17장에서 예수께서는 아버지께서 보내신 자들이 예수께로 왔고, 이제 예수께서 그들을 세상에 다시 보내신다고 말씀하셨습니다. 이로써 하늘에 속한 자들은 이 땅에 하나님의 뜻을 수행하는 사명자로 살아가게 됩니다. 그러한 삶의 증거가 곧 '박해'입니다.

하나님의 통치를 받는 자들

하나님의 나라는 '바실레이아라'($\beta\alpha\sigma\iota\lambda\epsilon\acute{\iota}\alpha$)는 단어로, '왕국', '나라', '통치'의 개념을 함께 내포합니다. 이 개념은 출애굽기 19장 5-6절에서도 나타난다. "너희가 내 말을 잘 듣고 내 언약을 지키면 너희는 내 소유가 되며 제사장 나라가 되며 거룩한 백성이 되리라" 하신 말씀처럼, 하나님의 백성은 하나님의 통치를 받는 거룩한 백성입니다.

하늘에 속한 자는 전권대사와 같습니다. 예수께서는 요한복음 17장에서 "아버지께서 내게 주신 자들을 내가 세상에 보내노라"고 하셨습니다. 이들은 단지 신분이 하늘에 속한 것이 아니라, 위로부터 보내심을 받아 이 땅에서 하나님의 뜻을 수행하는 사명을 지닌 자들입니다.

복 있는 자와 핍박받는 자

마태복음 5장 10절의 헬라어 원문에서 '핍박하다'는 단어는 '디오코($\delta\iota\acute{\omega}\kappa\omega$)'이며, 완료분사 수동태 형태로 사용되어 있다. 이는 단지 과거에 한 번 받은 핍박이 아니라, 지금까지 핍박의 그 결과가 미치고 있는 고난의 상태를 의미합니다. 이 땅에 하늘의 대사로 파송된 자들은 필연적으로 세상으로부터 미움을 받고 고난을 받으며 살아가게 됩니다.

[핍박과 복에 대한 요약]

구분	내용요약

핍박의 이유	의를 위함 - 의에 대한 증거로 핍박을 받음
속한 나라	하늘에 속한 자 - 하나님의 통치 아래 존재
복의 정체	마카리오스 - 신적인 복, 하늘의 복
반응과 사명	세상에서 미움받고 핍박당하지만 하나님의 대사로 파송됨

세상으로부터의 미움

요한복음 15장에서 예수께서는 "세상이 너희를 미워하면, 먼저 나를 미워한 줄을 알라"고 하셨습니다. 예수께서 빛으로 오셨을 때, 세상은 그 빛을 받아들이지 않았습니다. 마찬가지로, 하늘로부터 난 자는 세상으로부터 미움을 받게 되어 있습니다. 세상은 자기의 것을 사랑하되, 자기에게 속하지 않은 자를 미워합니다.

선택받은 자로서의 사명

예수께서는 제자들을 세상으로부터 택하셨다(요 15:19). 여기서 '택하다'는 헬라어 'ἐκλέγομαι(에클레고마이)'는 단순한 선택이 아닌, 소명과 사명을 동반한 선택을 의미합니다. 이는 '교회(에클레시아)'라는 단어와도 관련됩니다. 교회란 '불러냄을 받은 자들'의 공동체이며, 그들은 이 세상으로부터 부름받아 예수 그리스도의 뜻을 따르며 살아가는 이들입니다.

고린도전서 2-3장에 따르면 인간은 세 부류로 나뉩니다:

- 푸시키코스(ψυχικός): 불신자

- 사르키노스(σαρκικός): 그리스도 안에 있으나 육에 속한 자

- 프뉴마티코스($\pi\nu\epsilon\upsilon\mu\alpha\tau\iota\kappa\acute{o}\varsigma$): 영적인 사람, 성숙한 신자

'사르키노스'는 젖을 먹는 어린아이($\nu\acute{\eta}\pi\iota o\varsigma$) 같은 자이며, 아직 말을 못하면서 단단한 음식을 먹지 못하는 자입니다. 그러나 복음으로 낳은 자, 곧 사명의 자는 성숙한 영적 분별력을 지니고, 선한 싸움을 싸우는 '프뉴마티코스' 곧 장성한 영적 사람입니다. 하나님은 자기 백성들이 그리스도 안에서 모두 '프뉴마티코스'로 성장하길 원합니다.

핍박의 역사적 증거

사도 바울은 다메섹 도상에서 예수님을 만난 후, 이전의 핍박자에서 복음의 전도자가 되었습니다. 바울은 예수를 따르는 자들을 핍박함으로써 사실상 예수 자신을 핍박하고 있었던 것입니다. 예수께서는 "사울아 사울아, 네가 왜 나를 핍박하느냐"고 말씀하셨다. 이처럼 예수를 믿는 자를 핍박하는 것은 곧 예수를 핍박하는 것이며, 이것은 하늘에 속한 자의 삶에 반드시 동반되는 현실입니다.

갈라디아서의 증언

갈라디아서 4장 29절은 이 진리를 분명히 증언한다.

육체를 따라 난 자가 성령을 따라 난 자를 핍박한 것 같이, 이제도 그러하니라

육에 속한 자는 위에서 난 자, 곧 거듭난 자를 핍박하게 되어있습니다. 이것은 단순히 시대적 현상이 아니라 하나님의 백성에 대한 세상의 지속적인 반응입니다.

갈라디아서 1:6에서 바울은 갈라디아 교인들이 그리스도의 은혜에서 다른 복음으로 속히 떠난 것을 책망합니다. 고린도후서 11장에서는 '다른 예수', '다른 복음', '다른 영'을 용납한 것을 경고합니다. 이는 오늘날 교회 안에서도 거짓 복음과 혼합주의의 유입에 대한 경각심을 일깨웁니다.

교회는 단순히 지상 공동체가 아니라, 성령으로 거듭난 자들이 모인 천상의 교회를 지향해야 합니다. 히브리어 '에다'(עֵדָה; 증인 공동체)와 헬라어 '에클레시아'(ἐκκλησία; 교회)는 모두 하나님의 말씀으로 불러내어진 자들입니다. 이들은 단지 회심한 자가 아니라, 복음으로 낳은 진정한 자녀이며, 성령으로 인도받는 이들입니다.

하늘에 속한 자의 증거

따라서 예수의 복음에 합당하게 살며, 의를 위하여 핍박을 받는 자는 단지 고난받는 자가 아닙니다. 그는 복 있는 자, 곧 마카리오스의 복을 누리는 자입니다. 하늘에 속한 자로서 이 땅에 파송받아 하나님의 뜻을 실현하며 살아가는 사는, 비록 세상으로부터 미움을 받고 고난을 당하지만, 그에게는 하늘의 왕국이 약속되어 있습니다. 그리고 그것은 미래의 소망이 아니라, 지금 현재 누리는 실제인 것입니다.

사도 바울의 인생의 역전과 육체의 가시

사도 바울은 사울이던 시절, 예수 믿는 자들을 핍박하는 데 앞장섰던 사람입니다. 그러나 다메섹 도상에서 예수 그리스도를 만난 이후 그의 인생은 극적으로 반전됩니다. 이제 그는 예수 그리스도의 이름을 증거하는 복음 전도자가 되었고, 자신이 한때 박해했던 자들과 같은 길을 걷게 됩니다.

이후 그의 삶에는 지속적인 고난과 핍박이 따랐습니다. 바울이 말한 '육체의 가시'는 단순히 안질 등의 질병일 수도 있지만, 더 본질적으로는 복음을 방해하는 유대인 동족들의 끊임없는 반대와 핍박을 의미합니다. 바울이 전도하는 곳마다 그의 동족들은 그를 쫓아다니며 복음을 방해했습니다. 이들은 예수를 알지 못하면서도 하나님을 안다고 주장하는 자들이었습니다.

이러한 상황은 마치 '알곡과 가라지'의 비유와 같습니다. 교회 공동체 안에서도 참 신자와 겉만 신자인 자들이 공존합니다. 겉으로는 같아 보이나 실상은 복음의 방해자입니다.

[알곡과 가라지의 비교]

구분	겉모습	뿌리방향	영양 섭취 구조	신앙적 상징
알곡	밀알처럼 보임	아래로 깊게 박힘	땅으로부터 직접 진액을 흡수함	참된 신자
가라지 (독보리)	밀알과 유사	수평으로 퍼짐	알곡의 영양을 배앗아 자람	외형은 신자같지만, 실상은 복음의 방해자

마태복음 19장의 백배 축복과 영생의 약속

마태복음 19장 29절은 복음을 위해 자신의 가족이나 재산, 생업을 버린 자는 백 배의 축복과 더불어 영생을 얻게 된다고 말씀합니다. 헬라어 원문에는 'ἑκατονταπλασίονα'라는 단어가 사용되며, 이는 단순히 '여러 배'가 아니라 정확히 '100배'를 의미합니다. 하나님께서는 예수의 이름을 위하여 내버린 것들에 대해 백 배의 보상과 영원한 생명을 약속하십니다.

'아피에미'($\dot{\alpha}\phi\acute{\iota}\eta\mu\iota$)는 '버리다', '남겨두다'의 의미로, 예수님의 이름을 위하여 모든 것을 내려놓은 자들의 결단을 강조합니다. 사도 바울이 예수님을 만난 이후 동족과의 단절, 생업의 포기, 반복되는 핍박 등 모든 것을 내려놓은 것은 바로 이 말씀의 실현이었습니다.

마가복음 10장의 병행구절: 핍박과 함께 받는 상급

마가복음 10장 30절은 같은 내용을 말하지만 중요한 차이점이 있습니다. 바로 "메타 디오그몬($\mu\epsilon\tau\grave{\alpha}$ $\delta\iota\omega\gamma\mu\hat{\omega}\nu$)", 즉 "핍박과 함께(핍박을 겸하여)"라는 구절입니다. 이는 하나님께서 주시는 복이 세상의 안락함만을 의미하지 않음을 분명히 합니다. 복음을 위하여 희생하는 자들은 복과 함께 반드시 핍박을 겪게 됩니다. 이는 예수님께서 말씀하신 "불을 던지러 왔다"는 말씀과 연결되며, 가족과의 갈등, 공동체 내에서의 분리 등 현실적인 고난을 수반합니다.

[복음으로 인한 희생과 보상 구조]

희생 항목	버림(아피에미)	회복/보상 내용	구절 출처
가족(형제, 자매 등)	공동체 내 단절	백배의 관계(하나님 가족 공동체)	마 19:29, 막 10:30
재산(집, 밭)	생업의 포기	백배의 물질적 공급	마 19:29, 막 10:30
명예, 안락함	사회적 배척, 박해	하나님의 나라, 영생의 상속	마 5:10-12

환난을 통해 들어가는 하나님의 나라

사도행전 14장 22절은 명확히 말합니다.

하나님의 나라에 들어가려면 많은 환난을 겪어야 한다

직역: 많은 환란을 통해서, 우리가 하나님 나라에 반드시 들어가야 한다

이는 복음 전도자 바울의 실제 삶을 반영하는 말씀이기도 합니다. 복음의 길은 결코 평탄하지 않으며, 좁은 문을 통과하는 자만이 그 나라에 들어갈 수 있습니다. 본문은 [δεῖ + 부정사] (반드시 ~ 해야 한다; 의무의 당위성) 구문 형식이므로, 누구든지 하나님 나라에 들어가는 조건은 반드시 환란(고난)의 통과입니다.

예수님께서도 "자기 십자가를 지고 나를 따르라" 하셨습니다. 이는 고난과 박해 없이는 그리스도를 따를 수 없다는 말씀입니다.

경건한 삶과 핍박은 함께 온다

디모데후서 3장 12절은 경건하게 살고자 하는 모든 자는 그리스도 안에서 핍박을 받게 될 것이라 선언합니다. 경건이란 단지 외적인 신앙 행위가 아니라, 예수 그리스도 안에 거하는 삶을 말합니다. 그 삶은 세상과 충돌하게 되고, 그 충돌이 바로 핍박으로 나타나는 것입니다.

의는 그리스도이시다

고린도전서 1장 30절은 "예수 그리스도는 우리에게 지혜와 의와 거룩함과 구속함이 되셨다"고 선포합니다. 의는 어떤 도덕적 수준이 아니라 인격이신 예수 그리스도 자체입니다. 그러므로 의를 위하여 박해를 받는

다는 것은 곧 그리스도를 위하여 박해를 받는 것입니다.

그리스도를 소유한 자는 곧 의를 소유한 자이며, 하나님께서는 그 자를 의롭다 칭하십니다.

마태복음 5장의 마지막 복: 하늘에 큰 상

예수님은 마태복음 5장 10~12절에서, 의를 위하여 박해받는 자들이 복이 있다고 하셨습니다. 그들은 하늘의 상을 받게 되며, 이전 시대의 선지자들이 당한 박해의 계보에 속하게 됩니다.

그리스도를 따르는 삶은 필연적으로 고난을 동반하지만, 그 고난은 곧 하늘의 영광으로 이어지는 복된 길입니다.

하늘에 속한 자의 표지는 핍박이다

하늘에 속한 자는 땅의 것과 조화를 이룰 수 없습니다. 따라서 필연적으로 세상으로부터의 핍박이 따릅니다. 이는 오히려 참된 신자의 표이며, 하나님 나라의 통치를 받고 있는 증거입니다.

의로우신 그리스도를 소유한 자는 세상에서 박해를 받지만, 하나님의 나라에서는 영원한 기업을 상속받게 됩니다. 복음으로 인해 고난받는 자는 그리스도와 함께 영광을 누리게 될 것입니다.

12

세상의 소금

산상수훈과 팔복의 중요성

산상수훈은 마태복음 5장에서 시작되며, 예수 그리스도께서 산 위에 앉아 제자들과 무리를 가르치신 내용을 담고 있습니다. 이 가운데 핵심은 팔복이며, 팔복은 단순히 윤리적인 교훈이 아니라 천국 백성의 정체성과 성품을 드러내는 말씀입니다. 그러나 팔복은 쉬운 말씀이 아닙니다. 오히려 매우 깊고 난해한 내용을 포함하고 있습니다. 예를 들어, "마음이 청결한 자는 복이 있다"고 하셨는데, '마음이 청결하다'는 표현이 구체적으로 어떤 의미인지 산상수훈 자체에서는 완전히 설명되지 않습니다. 따라서 우리는 성경 전체의 맥락 속에서 이 개념을 해석해야 하며, 일반적인 용어 이해와 성경적 의미 간의 차이를 분명히 인식할 필요가 있습니다.

팔복을 제대로 이해하기 위해서는 겸손, 애통, 의에 주림 같은 단어들이 성경 전체에서 어떻게 사용되는지를 함께 살펴보아야 합니다. 그 의미들이 우리가 일반적으로 이해하는 방식과 성경에서 말하는 방식이 다르기 때문입니다. 겸손도 우리가 생각하는 겸손과 성경이 말하는 겸손은 완전히 다릅니다. 그러므로 이러한 개념 정립을 먼저 한 후에 팔복을 공부하는 것이 유익합니다.

예수께서 "입을 여셨다"는 의미

마태복음 5장 2절에 "입을 열어 가르치시되"라는 표현이 나옵니다. 이 짧은 구절은 단순히 예수님이 말씀을 시작하셨다는 것이 아닙니다.

$$\text{καὶ ἀνοίξας τὸ στόμα αὐτοῦ ἐδίδασκεν αὐτοὺς λέγων·}$$

이 구절은 단지 입을 열었다는 뜻을 넘어서, 영적 세계의 문이 열리고 하나님의 생명의 말씀이 선포되었다는 신학적 의미를 지닙니다.

여기서 사용된 "ἀνοίξας"는 '열다'는 뜻의 동사 "ἀνοίγω"의 분사형으로, 문을 열 듯 장애물을 제거하고 막힌 통로를 뚫어주는 뜻이 있습니다. 이 동사는 구약에서도 종종 사용되며, 하나님께서 선지자들의 입을 열어 말씀하게 하실 때 사용되는 표현입니다. 다시 말해, 하나님의 공식적인 말씀 선포가 시작되었음을 상징합니다.

또한 "입을 여셨다"는 이 표현에는 장애물을 제거하고, 대양으로 나아가는 것처럼 사방이 뚫리는 시원한 확장성을 가지고 있습니다. 주님의 말씀은 그 자체로 우리 안에 있는 불신, 고정관념, 염려, 세속적 가치 등 온갖 잡동사니를 제거하는 능력을 지닙니다. 말씀을 들을 때 우리 내면의 장애물들이 사라지고, 그리스도께 더 가까이 나아갈 수 있게 됩니다.

사본에 따른 성경 번역 차이

성경의 본문은 다양한 사본에 기반하고 있으며, 이 사본들에 따라 번역의 뉘앙스와 표현이 달라질 수 있습니다. 대표적인 두 사본은 TR 사본 (Textus Receptus)과 NA^{26}/UBS^3 사본입니다.

TR 사본은 킹제임스 성경의 기반이 되었고, NA^{26}/UBS^3 사본은 오늘날 대부분의 현대 성경 번역의 근간이 됩니다. 두 사본 모두 하나님의 말씀으로서 존중받아야 하며, 비교 연구를 통해 보다 명확하고 풍성한 해석이 가능합니다.

헬라어 성경 공부의 실제

원문 성경을 공부하려면 기본적인 문법 지식이 요구됩니다. 예를 들어, 분사 구문은 동사의 기능과 형용사의 기능을 동시에 가지며 문장에서 여러 방식으로 활용됩니다. 분사 구문을 잘 해석하지 못하면 성경 본문의 의미를 오해할 수 있습니다. 따라서 신학교에서 배우는 헬라어는 시작에 불과하며, 실제 해석과 적용은 지속적인 연구와 반복을 통해 체득되어야 합니다.

특히 헬라어 파싱(parsing)을 통해 각 단어의 품사, 시제, 인칭, 수, 성 등을 정확히 파악해야 하며, 이를 위해 문법 분해 도구나 파싱 성경이 매우 유용합니다. 현대에는 이러한 정보들이 정리된 앱이나 프로그램들이 많이 있어 보다 편리하게 원문을 연구할 수 있습니다.

예시 파싱 설명(ἀνοίξας)

- V = Verb (동사)

- P = Participle(분사)
- A = Aorist (부정과거)
- A = Active (능동태)
- N = Nominative (주격)
- M = Masculine (남성)
- S = Singular (단수)

이와 같은 정보를 바탕으로 성경을 해석하면 훨씬 더 정확하고 깊이 있는 이해가 가능해집니다.

바울의 변화와 진정한 지식의 의미

사도 바울은 본래 사울이라는 이름으로 불렸으며, 당대 최고의 학자 가말리엘의 제자로서 율법에 정통한 바리새인이었습니다. 그러나 그는 그리스도를 만나기 전까지는 영적 장님과 같은 존재였습니다. 사울이라는 이름은 히브리어 '사울(שָׁאוּל)'에서 왔는데, 이는 '구걸하는', '요구하는', '거지'라는 뜻을 가지고 있습니다. 결국 그는 가장 높은 지위와 지식을 가졌으나 참된 보물(그리스도)을 가지지 못한 '영적 거지'였던 셈입니다.

그러나 예수 그리스도를 만난 이후 그의 이름은 바울(라틴어 Paulus)로 바뀌며, 이는 '작은 자', '가장 하찮은 자'라는 의미를 지닙니다. 예수를 만나기 전에는 자기 자신을 위대한 자로 여겼지만, 참된 진리 그리스도를 만난 이후 그는 자신이 얼마나 보잘것없는 존재(배설물, 오물, 쓰레기)인지를 자각하게 된 것입니다. 이 변화는 바로 그리스도의 생명이 그의 내면을 비추었기 때문에 가능한 것이었습니다.

그는 예수 그리스도를 얻기 위하여 이전의 모든 것을 배설물로 여겼다고 고백합니다. 이는 곧 진정한 지식은 그리스도를 아는 지식이며, 다른 모든 지식은 그 앞에 무가치하다는 고백입니다.

말씀은 우리 안의 장애물을 제거한다

예수님의 입에서 나오는 말씀은 단순한 말이 아니라 생명과 진리의 통로입니다. '입을 열어 말씀하셨다'는 것은 곧 하나님 나라의 문이 열리고, 그 문을 통해 하나님의 말씀이 우리의 심령에 들어온다는 뜻입니다.

그 말씀은 우리의 닫힌 눈을 열고, 귀를 열며, 마음을 밝히는 역할을 합니다. 엠마오로 향하던 제자들이 부활하신 주님을 곁에 두고도 알아보지 못했으나, 예수께서 성경을 풀어주실 때 그들의 마음이 뜨거워졌습니다. 디아노이고(διανοίγω)라는 동사는 '완전히 열다'는 의미로, 주님의 말씀은 우리의 영혼의 눈과 귀를 완전히 열어줍니다.

그러므로 산상수훈은 단순한 도덕적 교훈이 아니라, 하나님의 말씀이 우리를 거듭나게 하고 천국 백성으로 살아가게 하는 생명의 선포입니다. 예수님의 입을 통해 열린 이 말씀을 들으며, 우리는 우리 속에 있는 모든 장애물과 어둠이 제거되고, 그리스도의 생명으로 충만해지기를 소망해야 합니다.

소금의 정체

예수님께서는 제자들을 향하여 "너희는 세상의 소금이라"고 선포하셨습니다. 헬라어 원문은 "휘메이스 에스테 토 할라스 테스 게스"로, '너희는 땅의 소금이다'로 번역됩니다.

여기서 '할라스'는 일반적인 바닷소금이 아닌, 고대 이스라엘에서 주로 사용되던 돌소금을 가리킵니다. 이스라엘에는 한국처럼 염전이 흔치 않았기 때문에, 소금은 사해 남부나 남서부 지역의 소금산에서 채굴된 광물 소금이었습니다.

이 돌소금은 겉으로 보기엔 일반 돌처럼 보이지만, 내부에 소금 결정이 포함되어 있는 구조로 되어 있습니다. 여인들이 물을 담은 양동이에 이 돌소금을 담가두면, 일정 시간이 지나면서 소금이 물에 녹아 나옵니다. 소금이 모두 빠져나가면, 남는 것은 짠맛도 없는 무용한 돌일 뿐입니다.

맛을 잃는 소금? – '모라이노'의 의미

본문에서 사용된 헬라어 "모라이노(μωραίνω)"는 '맛을 잃다'는 뜻이지만, 단순히 화학적 의미의 '짜지 않다'는 개념만은 아닙니다. 이 단어는 마태복음 5장 후반부에서 '어리석은 자'를 지칭할 때 쓰이는 단어의 어근과 동일합니다. 즉, 이 소금은 단지 짠맛을 잃은 상태가 아니라, 돌에서 소금의 성분이 다 빠져 나간 상태인 본래의 기능과 본질을 상실한 상태를 의미합니다.

이런 소금성분이 다 빠져 나간 돌은 더 이상 어떤 요리에도 사용될 수 없기에, 결국 밖에 버려져 사람들에게 밟히게 됩니다. 이는 당시 팔레스타인 여인들이 소금이 빠진 돌덩이를 집 앞 골목에 던져버리는 모습에서 유래한 표현입니다.

헬라어 구문 분석: 세상의 소금의 문법적 구조

본문의 주요 구절은 헬라어 문법상 명백한 현재형 직설법 구조를 갖고 있습니다. '에스테'는 현재형 동사로, 단순한 가능성이나 의지가 아닌, 이미 그러한 상태에 있다는 정체성 선언입니다. 제자들은 장차 소금이 되는 것이 아니라, 이미 소금이다라고 말씀하신 것입니다.

또한 '세상'(게스)은 '코스모스'(우주)보다 구체적인 '땅'으로 번역됩니다. 이것은 단지 물리적인 지구라기보다, 하나님의 백성들이 살아가고 영향을 미치는 '세속 세계', 즉 공동체와 문화를 상징합니다.

소금 언약과 영원성의 상징

성경에서 소금은 종종 언약의 상징으로 등장합니다. 구약에서는 소금 언약이란 표현이 자주 사용되며(레위기 2:13; 민수기 18:19), 이는 변하지 않는, 부패하지 않는 영원성을 의미합니다. 고대 이스라엘과 헬라 문화에서도 동맹이나 화해의 상징으로 소금을 함께 나누는 전통이 있었습니다.

따라서 '소금'은 단순한 맛내기 수단이 아니라, 관계의 지속성과 순결함, 변치 않는 동맹을 상징하는 중요한 신학적 개념입니다.

[성경 속 소금의 상징적 의미]

상징요소	의미
맛	구별된 정체성, 순결함
방부제 기능	부패를 방지하는 영향력
언약의 상징	변치 않는 관계, 하나님의 언약
화해의 도구	관계 회복과 매개체

소금의 평화 기능과 피스메이커의 소명

예수님은 마가복음 9장 50절에서도 "너희 속에 소금을 두고 서로 화목하라"고 말씀하십니다. 여기서 '화목'은 헬라어로 '에이레네'(εἰρήνη), 곧 '평화'를 의미하며, 단순한 감정적 평화가 아니라 하나님의 평화를 가리킵니다. 즉, 소금은 화평의 도구이며, 성도는 그 소금을 통해 세상과의 화목을 이룰 수 있습니다.

참된 평화는 예수 그리스도 안에서만 주어집니다. 성도가 세상의 소금으로서 역할을 다한다는 것은, 예수 그리스도와의 연합 가운데 세상에 하나님의 화평을 전달하는 통로가 되는 것입니다.

복수와 정의, 그리고 하나됨의 신학

복수와 의에 대한 헬라어 어원 분석을 통해, '원수를 갚는 것'(에크디케오)은 인간의 몫이 아니라 하나님의 의로운 심판이라는 점을 강조합니다.

헬라어 '에크디케오(ἐκδικέω)는 전치사 ἐκ(분리의 의미)와 δίκη(의)의 합성어입니다. 이 동사는 '의로부터 완전히 분리시킴'의 뉘앙스를 가진 단어로서, '복수하다, 원수를 갚다, 처벌하다, 공정한 심판을 행하다' 등의 의미를 담고 있습니다.

이는 곧, 성도가 감정적으로 복수하지 않고, 하나님께 맡기며, 오히려 그 사람을 그리스도 안으로 인도하여 함께 한 지체가 되게 함으로써 참된 화해를 이루어야 함을 의미합니다.

그리스도 안에서의 진정한 화평은 단순한 감정적 용서가 아니라, 복음의 능력으로 적대 관계가 하나님의 가족으로 변화되는 사건입니다. 이것이 바로 소금의 사명이며, '피스메이커'(peacemaker)로 부르심을 받은 성도의 정체성입니다.

살아있는 소금으로 부르심

우리는 단순한 종교인의 정체성을 넘어서, 그리스도 안에 계신 '진짜 소금'이신 예수 그리스도를 품은 돌소금으로 살아야 합니다. 세상은 여전히 부패하고 혼란스럽지만, 성도는 그 속에서 부패를 막고 관계를 회복하며, 참된 화평을 이루는 살아있는 소금으로 부름받은 존재입니다. 이 부르심은 선택이 아닌 정체성입니다.

예수님은 우리를 향해 "너희는 세상의 소금이라"고 하셨습니다. 그 말씀 앞에서, 우리는 오늘도 주님이 우리 속에 계신지 점검하며, 영원한 소금인 그리스도의 복음을 세상에 전하므로 화평하게 하는 삶을 살아야 합니다. 이것이 세상의 소금으로 사는 삶이며, 하나님 나라의 백성으로서의 사명입니다

너희는 세상의 소금과 빛이다

예수 그리스도께서는 산상수훈의 서두에서 제자들에게 "너희는 세상의 소금이며 빛이다"라고 선언하셨습니다. 이는 단순한 비유적 표현이 아니라, 제자들의 존재 정체성과 사명을 동시에 밝혀주는 말씀입니다. 본문을 헬라어 원문에 기초하여 세 가지 주제로 깊이 있게 고찰해 보겠습니다.

1. 소금의 기능과 그리스도인의 정체성

"너희는 세상의 소금이다"(ὑμεῖς ἐστε τὸ ἅλας τῆς γῆς)라는 선언에서, 동사 ἐστε(~이다)는 현재 시제 직설법으로 사용되어 지금 이 순간 제자들이 소금의 정체성을 가지고 있음을 분명히 드러냅니다.

고대 사회에서 소금은 부패를 방지하고 맛을 내는 데 사용되었을 뿐 아니라, 제사에서 화목 제물에 뿌려져 하나님과의 관계 회복을 상징하는 중요한 요소였습니다. 그러므로 예수님의 이 말씀은 제자들이 세상의 부패를 방지하고, 의미를 부여하며, 사람들 간의 관계를 회복시키는 역할을 감당해야 함을 강조하는 것입니다.

핵심요약: 소금의 신학적 의미

소금의 기능	영적 상징성	제사장의 역할
방부 기능	부패 억제	세상 속 정의와 정결 유지
맛 부여	생명의 풍성함	의미있는 삶을 제시
제물에 사용	화목의 상징	하나님과 사람 사이의 중재자

공동체 안의 소금 — 함께 하목하게 하라

본문 마가복음 9장 50절과 연결해 보면, 예수께서는 "너희 속에 소금을 두고 서로 화목하라"고 하십니다. 이는 소금의 역할이 단순히 개인의 정체성에 머무르지 않고, 공동체 안에서 서로 간의 화평을 이루는 매개체가 되어야 함을 뜻합니다.

나만 소금을 지닌다고 되는 것이 아닙니다. 너도, 나도 모두 그리스도를 모신 자로서 그분의 말씀을 통해 화목하게 되어야 합니다. 그렇게 될 때 우리는 한 지체, 한 교회, 한 공동체가 됩니다. 소금 되신 그리스도께서 우리 안에 거하시고, 우리 모두를 하나로 묶으심으로써 참된 교회 공동체가 완성됩니다.

동일한 말씀, 동일한 문화

창세기 11장의 바벨탑 사건은 하나의 언어와 말이 가져오는 사고방식의 통일성, 그리고 그로 인한 삶의 방향성 일치를 보여줍니다. 언어가 같으면 사고 방식이 같고, 사고 방식이 같으면 삶의 형태도 같아집니다. 물론 바벨탑 사건은 하나님이 없는 불신자들의 악한 언어와 악한 사고방시기과 악한 삶의 통일성을 보여줍니다.

오늘날에도 마찬가지입니다. 동일한 말씀, 즉 예수 그리스도의 복음을 중심으로 살아가는 자들은 사고방식이 같고, 가치관이 같고, 삶의 방향과 목적이 일치합니다. 이로 인해 우리는 단지 외형적인 공동체를 넘어, 내면으로 연결된 하나의 성도 공동체를 이룹니다.

빛의 정체성과 기능

예수님께서는 "너희는 세상의 빛이다"(ὑμεῖς ἐστε τὸ φῶς τοῦ κόσμου)라고 말씀하십니다. 여기서 'ἐστε'는 존재를 나타내는 현재 직설법이며, 제자들이 지금 이 순간 세상의 빛임을 선언하신 것입니다.

'빛'(φῶς)은 단순히 물리적인 밝음이 아니라, 헬라 철학과 유대 신학에서는 생명, 진리, 인식, 계시를 상징합니다. 예수님 자신이 "나는 세상의 빛이다"(요 8:12)라고 하신 것처럼, 제자들은 참빛이신 그리스도를 반사하는 존재로서 세상 가운데 파송된 자들입니다. 빛은 어둠을 몰아내고 길을 비추며, 생명을 유지하게 하며, 방향을 제시합니다. 그러나 우리는 스스로 빛을 내는 것이 아니라, 그리스도의 빛을 반사하는 자들입니다.

산 위에 있는 동네 — 정체성은 감출 수 없다

예수께서는 이렇게 말씀하십니다.

산 위에 있는 동네는 숨겨질 수 없다

οὐ δύναται πόλις κρυβῆναι ἐπάνω ὄρους κειμένη·

헬라어 문장에서 이 표현은 능력의 부정을 나타내며, 자연적 필연성을 강조합니다. 즉, 제자들의 정체성과 삶은 결코 은폐될 수 없는 것이며, 반드시 드러나게 되어 있다는 뜻입니다.

고대 유대 지역에서는 성읍을 항상 높은 언덕이나 산 위에 지었습니다. 이는 외적 침입을 방어하고 공격에 용이하며 멀리서도 관찰할 수 있도록 하기 위한 전략이었습니다. 이와 같이 빛을 소유한 성도의 존재는 반드시 드러납니다. 우리는 세상 속에서 숨길 수 없는, 세상을 비추는 빛의 증인으로 살아가야 합니다.

등불은 등경 위에 — 삶을 밝히는 사명

예수님은 또 말씀하십니다.

사람이 등불을 켜서 말 아래 두지 아니하고 등경 위에 두나니, 이러므로 집안 모든 사람에게 비치느니라

οὐδὲ καίουσιν λύχνον καὶ τιθέασιν αὐτὸν ὑπὸ τὸν μόδιον ἀλλ᾽ ἐπὶ τὴν λυχνίαν, καὶ λάμπει πᾶσιν τοῖς ἐν τῇ οἰκίᾳ

이 구절은 등불의 용도를 강조합니다. 등불은 밝혀야 할 대상이 있기에 존재하며, 숨기기 위해 존재하지 않습니다.

고대 유대 가정에서 '모디온'(말)은 곡식을 재는 용기로, 등불을 일시적으로 덮을 때 사용되었지만, 등불은 일반적으로 등경 위에 놓여 온 집을 밝히는 데 사용되었습니다. 그리스도인은 복음을 받은 자로서 빛을 드러내야 하며, 이를 숨기는 것은 그 정체성과 사명을 저버리는 행위입니다.

**이같이 너희 빛이 사람 앞에 비치게 하여 그들로 너희 착한 행실을 보고 하늘
에 계신 너희 아버지께 영광을 돌리게 하라(마 5:16)**

이 구절은 그리스도인의 선한 행위가 단순한 윤리적 선행이 아니라, 하
나님께 영광을 돌리도록 하는 복음적 도구임을 보여줍니다. 우리의 선한
행위는 세상의 빛이신 예수 그리스도의 복음을 비추는 것입니다.

참빛과 어둠 — 요한복음의 해석

요한복음 1장 9절은 예수 그리스도를 가리켜 "참빛, 곧 세상에 와서 각
사람에게 비추는 빛"이라고 말합니다. 여기서 사용된 "$\dot{\alpha}\lambda\eta\theta\iota\nu\acute{o}\nu$(참된)"
은 단순히 밝은 빛이 아니라, 진리를 밝히는 유일한 본질적 빛을 의미합니
다. 요한복음 1장 4절은 말씀합니다:

그 안에 생명이 있었으니 이 생명은 사람들의 빛이라

예수님 안에 있는 생명은 곧 사람들을 비추는 빛입니다. 하지만 그 빛이
어둠에 비쳤을 때, 어둠은 깨닫지($\kappa\alpha\tau\alpha\lambda\alpha\mu\beta\acute{\alpha}\nu\omega$; 영접하다) 못했습니
다. 즉, 세상은 그 빛을 받아들이지 않고 거절한 것입니다. 여기서 말하는
어둠은 죄, 불순종, 영적 무지의 상태입니다.

빛의 자녀로 사는 삶 — 바울서신의 적용

바울 사도는 에베소서 5장 8절에서 이렇게 권면합니다:

너희가 컨에는 어둠이더니 이케는 주 안에서 빛이라. 빛의 자녀들커럼 행하라

과거의 우리의 존재와 삶은 어둠이었지만, 예수 그리스도 안에 들어온 순간부터 우리는 빛이 되었으며, 그에 걸맞은 삶을 살아가야 합니다. 또한 데살로니가전서 5장 5절은 다음과 같이 말합니다:

너희는 다 빛의 아들이요 낮의 아들이라. 우리가 밤이나 어둠에 속하지 아니하니

즉, 그리스도인은 더 이상 밤이나 어둠의 자녀가 아니라 낮, 곧 빛의 아들로서 예수 그리스도와 같은 빛의 정체성을 지닌 자들입니다. 이는 우리의 윤리적 행실뿐 아니라, 존재 전체가 빛 가운데 살아야 함을 의미합니다.

빛을 입은 신부 — 요한계시록의 종말적 그림

요한계시록 21장은 새 예루살렘이 신랑을 위해 단장한 신부처럼 아름답게 내려오는 장면을 묘사합니다. 이는 구속받은 성도들의 완전한 연합과 영화로운 상태를 상징하며, 이들은 모두 빛이신 그리스도 안에서 단장된 자들입니다.

그 성은 해나 달의 비침이 쓸 데 없으니, 하나님의 영광이 비치고 어린 양이 그 등불이 되심이라(계 21:23)

하나님의 백성은 이제 더 이상 외적인 빛에 의존하지 않고, 그리스도 자체가 등불이 되시어 영원한 빛 가운데 거합니다. 이것이 바로 우리가 장차 들어가게 될 하늘나라의 빛의 실체입니다.

신학적 결론과 오늘날의 적용(요약)

- 소금과 빛의 정체성: 존재 자체로 세상을 변화시키는 거룩한 영향력

- 오늘날의 도전: 구별되지 않는 신앙은 소금 맛을 잃은 돌이며, 숨겨진 어둠의 빛

- 교회의 사명: 진리와 거룩함으로 세상에 참여

- 성도의 역할: 복음으로 세상의 문화를 변화시킴

율법을 완성하러 오신 예수 그리스도(마 5:17)

내가 율법이나 선지자를 폐하러 온 줄로 생각하지 말라. 폐하러 온 것이 아니요 완전하게 하려 함이라(마 5:17)

예수께서는 율법과 선지자를 폐기하려 오신 것이 아니라, 이를 완성하러 오셨다고 분명히 선포하셨습니다. 본 장에서는 헬라어 원문 분석을 통해 본문의 의미를 깊이 있게 탐구하며, 그 신학적 의의와 현대적 적용까지 함께 살펴봅니다.

헬라어 원문 분석과 동사 구조

본문에서 예수님께서는 '노미세테(νομίσητε)'라는 동사를 사용하여 경고하십니다. 이 동사는 '일반적인 생각을 하다, 통상적으로 받아들이다'라는 의미를 지니며, 부정 명령형으로 사용되어 '그렇게 생각하지 말라'는 강한 권면으로 작용합니다.

예수님은 율법과 선지자들을 카타뤼사이(καταλῦσαι), 즉 '폐기하다',

'소멸하다'라는 의미의 동사와 함께 언급하시며, 자신이 그것들을 폐기하려 왔다고 생각하지 말라고 하십니다.

'엘돈($\hat{\eta}\lambda\theta o\nu$)'은 완료 시제로서 '내가 왔다'는 사실을 강조하며, '카타뤼사이'는 목적 부정사로, 그 목적이 폐기가 아님을 나타냅니다.

헬라어	번역	문법적 구조	의미
노미세테	생각하지 말라	부정 명령법	통상적, 상투적 사고의 경고
카다뤼사이	폐기하러	부정사	파괴, 소멸, 폐기 의미의 강조
플레로사이	완전케 하러	부정사	성취, 완성, 충만하게 함

예수님은 이 말씀을 통해 오히려 율법과 선지자들을 '플레로사이($\pi\lambda\eta\rho\hat{\omega}\sigma\alpha\ddot{\iota}$)', 즉 완전하게 하기 위해 오셨음을 밝히셨습니다. 이는 율법의 폐기가 아니라 성취를 의미하며, 예언과 계명의 온전한 실현을 가리킵니다.

예수님의 계명 이해: 옛 계명 vs 새 계명

예수님은 율법을 행위적으로만 지키려 했던 유대인의 방식과 달리, 계명을 마음속에 간직하고(테레오, $\tau\eta\rho\acute{\epsilon}\omega$), 사랑으로 성취하도록 가르치셨습니다. 구약의 계명은 돌에 새겨졌으나, 예수님의 새 계명은 심비에 기록된 마음의 법입니다.

예수께서 주신 새 계명은 두 가지입니다:

1) 네 하나님을 사랑하라 (마 22:37)

2) 네 이웃을 네 몸같이 사랑하라 (마 22:39)

이 두 계명은 온 율법과 선지자의 강령이라 할 수 있습니다.

구약 계명	신약 적용	핵심 개념
돌에 기록된 율법	마음에 간직된 사랑	테레오(간직하다)
613개 율법 조항	10계명으로 압축 -> 2대 계명	율법의 요약 및 실천

문자적 성취와 율법의 완전성

마태복음 5장 18절은 주님의 율법에 대한 태도를 더욱 강조합니다.

진실로 너희에게 이르노니, 천지가 없어지기 전에는 율법의 일점일획도 결코 없어지지 아니하고 다 이루리라(마 5:18)

여기서 '일점'의 '점'(이오타, $\iota\hat{\omega}\tau\alpha$)는 헬라어 문자 중 가장 작은 알파벳을, '일획'의 '획'(케라이아, $\kappa\epsilon\rho\alpha\iota\alpha$)는 히브리어의 자음 위에 붙는 작은 부호나 뿔 같은 점을 의미합니다. 이는 율법의 가장 사소한 부분까지도 모두 성취된다는 의미입니다.

사랑의 계명과 율법의 완성

사도 바울은 로마서 13장에서 '사랑은 율법의 완성'이라 했습니다.

사랑은 이웃에게 해를 끼치지 아니하나니, 그러므로 사랑은 율법의 완성이니라(롬 13:10)

갈라디아서 5장 14절에서도 같은 진리를 반복합니다:

온 율법은 네 이웃을 네 몸같이 사랑하라는 한 말씀 안에서 이루어졌느니라(갈 5:14)

이처럼 아가페 사랑은 구약의 계명을 성취하는 길이며, 새 계명은 옛 계명을 내면화한 계명입니다.

테레오(간직하다)와 복음적 순종

예수께서 말씀하신 '지키다'는 단순한 율법 행위가 아닌, 마음속에 간직하고 내면화하는 것이며, 이는 헬라어 '테레오(τηρέω)'로 표현됩니다. 이는 소유하다, 보존하다, 간직하다의 의미를 지니며, 하나님과의 사랑의 관계 안에서 말씀을 품는 것입니다.

주님의 사랑 안에 거하는 자는 반드시 그 계명을 테레오하는 자이며, 이는 아버지의 사랑과도 직결됩니다. 요한복음 15장 10절은 이렇게 말합니다:

내 계명을 지키면 내 사랑 안에 거하리라

하늘에서 이룬 것처럼 땅에서도 완성하라

예수님은 하늘에서 모든 구속사역을 완성하셨습니다. 이제 땅에서의 완성은 교회의 몫이며, 우리는 사랑의 계명을 지킴으로써 땅에서 율법과 선지자의 뜻을 이루어야 합니다. 지체 된 형제자매들을 찾고, 복음을 전하며, 주님의 사랑을 실천함으로써 완전한 구원을 향해 나아가는 것입니다.

온 율법과 선지자의 완성은 사랑에 있으며, 그 사랑은 계명을 마음에 간직할 때 비로소 성취됩니다.

타긴(Tagin)과 문자에 대한 유대인의 해석

유대인들은 율법의 문자 하나하나에 신적 권위와 깊은 상징성을 부여합니다. 미드라쉬에는 "타긴"이라는 특별한 기호에 대한 설명이 등장합니다. 이는 히브리어 알파벳 중 여덟 글자에만 나타나는 왕관 같은 표시로, 두루마리에 기록된 율법의 문자 위에 삽입되어 경건함과 신성함을 상징합니다.

이 여덟 글자는 쉰, 아인, 테트, 눈, 자인, 긴멜, 차데, 요드입니다. 유대 전통에 따르면 모세가 시내산에서 율법을 받을 때 이 타긴도 함께 전달되었다고 하며, 문자 하나에도 하늘의 질서가 있다는 사고를 담고 있습니다.

가장 작은 문자로 가장 깊은 의미 보유

이러한 문자 장식은 문자 해석에 있어 단순한 미적 장치가 아니라, 신적 계시의 일부로 간주됩니다.

요드의 이동과 하나님의 섭리

유대 전승에서는 요드 하나조차도 헛되이 사라지지 않는다고 가르칩니다. 아브라함과 사라의 이야기를 통해 이를 설명합니다. 사래(사라이, שָׂרַי)의 이름에서 요드가 탈락하고 사라로 바뀌었을 때, 그 요드는 사라진 것이 아니라, 눈의 아들 '호세아'(הוֹשֵׁעַ) 앞에 붙어 '여호수아'(יְהוֹשֻׁעַ)가 되었다고 말합니다. 이는 하나님의 뜻과 언약 안에서 문자 하나라도 귀하게 쓰임받는다는 유대교의 문자주의를 잘 보여줍니다.

예수님의 율법 이해(마 5:19-20)

예수님께서는 "이 계명 중에 지극히 작은 것 하나라도 버리고 그렇게 가르치는 자는 천국에서 지극히 작다 일컬음 받을 것이요, 행하고 가르치는 자는 크다 일컬음 받으리라"(마 5:19)고 하셨습니다. 이 말씀은 율법의 경중을 논함이 아니라, 하나님의 계명 하나하나에 대한 절대적 존중을 강조한 것입니다.

여기서 '작은'이라는 표현은 헬라어로 '엘라키스토스'($\dot{\epsilon}\lambda\acute{\alpha}\chi\iota\sigma\tau o s$)으로 최상급입니다. 즉, '가장 작다'는 뜻으로, 율법의 가장 작은 부분도 경시할 수 없음을 뜻합니다. 이는 예수님의 당대, 곧 서기관과 바리새인들이 문자적으로는 율법을 가르쳤지만 실천하지 않던 태도와 직결됩니다.

외식하는 자들의 율법 해석 비판(마 23장 연계)

예수님은 마태복음 23장에서 서기관들과 바리새인들을 향해 "너희가 말만 하고 행하지 않는다"고 비판하십니다. 그들은 무거운 율법의 짐을 사람들 어깨에 지우고, 자신은 손가락 하나도 움직이려 하지 않습니다.

그들의 가르침은 하나님의 말씀을 가장한 '사람의 계명'이며, 그 내용은 미드라시나 미쉬나, 탈무드 등 조상들의 전통을 따릅니다. 이러한 전통은 결국 구전으로 이어진 인간의 해석일 뿐이며, 그리스도의 복음과는 전혀 무관한 해석을 낳았습니다.

이들은 경문(테필린)을 이마와 손에 붙이고, 옷자락 끝의 술(찌찌트)을 길게 늘어뜨리며 외적으로 경건함을 보이나, 그 마음에는 하나님의 계명(말씀)이 없습니다.

예수님은 가르침을 통해 참된 스승의 자격은 단순한 지식 전달이 아니라 '말씀을 행함으로 가르치는 자'임을 밝히셨습니다. 율법은 단순한 규정이 아니라, 믿음의 실천과 연결된 하나님의 말씀입니다.

하늘에서 크다 일컬음 받는 자

예수님께서는 율법을 '행하고 가르치는 자'가 천국에서 크다 일컬음을 받을 것이라고 하셨습니다. 여기서 중요한 것은 '랍비'라는 칭호가 사람으로부터 오는 것이 아니라, 하늘로부터 인정받는 자에게만 허락된다는 것입니다. 땅에서 많은 사람들에게 '랍비'라고 불리는 것이 중요하지 않습니다. 하늘에서 인정받아야 참된 큰 자가 되는 것입니다.

예수님께서 비판하신 당시의 서기관들과 바리새인들은 '랍비'라고 불리기를 좋아했고, 회당의 높은 자리와 잔치의 윗자리를 탐하며 경문을 넓게 하고 술을 길게 하며 외적으로만 경건을 드러냈습니다. 그러나 그들의 행위는 모두 사람들에게 보이기 위한 것이었습니다. 즉 연기자가 무대 위에서 연기하는 것과 같았습니다.

사람 앞에서의 인정 vs 하나님 앞에서의 인정

누가복음 12장 8절에서 예수님은 다음과 같이 말씀하십니다:

내가 또한 너희에게 말하노니 누구든지 사람 앞에서 나를 시인하면 인자도 하나님의 사자들 앞에서 그를 시인할 것이요

이는 단순히 말로 고백하는 것이 아니라, 삶으로 예수 그리스도를 인정하는 것입니다. 예수님을 인정하고 그의 말씀을 행하며 가르치는 자를 하나님께서도 인정하신다는 뜻입니다.

반대로, 당시 바리새인들은 메시야이신 예수님 앞에서도 그를 부인하고, 여전히 다른 메시아를 기다리며 성경을 해석하고 있었습니다. 이들은 율법을 깊이 연구한다고 하지만, 정작 율법의 핵심이신 그리스도를 보지 못하고 있었습니다.

하나님의 계명과 사람의 계명

예수님은 마가복음 7장에서 바리새인들과 서기관들을 향해 이렇게 말씀하십니다:

너희가 하나님의 계명은 버리고 사람의 전통을 지키느니라

하나님의 계명은 그리스도를 드러내며, 그 안에서 생명이 역사합니다. 반면 사람의 계명은 그리스도를 가리우고, 그 안에는 아무런 생명도 없습니다. 유대인들의 전통적 해석은 조상들의 유전을 따르는 것이며, 그로 인해 율법은 생명을 잃고 외식의 틀이 되어 버렸습니다.

선생이 되지 말라(약 3:1)

야고보 사도는 "너희는 선생이 많이 되지 말라"고 권면합니다. 이는 선생에게 더 큰 책임과 심판이 따르기 때문입니다. 지식만을 전달하는 것이 아니라, 말씀 안에서 자녀를 낳고, 그들을 그리스도의 장성한 분량까지 이끌어야 하기 때문입니다.

바울 사도도 고린도전서 4장 15절에서 "그리스도 안에서 일만 스승이 있으되 아버지는 많지 아니하니 그리스도 예수 안에서 내가 복음으로 너희를 낳았음이라"고 말합니다.

비교	말만 하는 선생	참된 아비된 선생
특징	지식 전달에 그침	복음으로 낳고 양육함
목적	가르침 그 자체	그리스도 형상 이룸까지 헌신
결과	말뿐인 제자	장성하여 또 다른 제자를 낳는 자

그리스도의 형상이 이루어지기까지 해산하는 수고

참된 교사는 말씀을 전하는 데 그치지 않고, 그 말씀으로 그리스도의 형상이 성도 안에 이루어지기까지 해산하는 수고를 합니다. 갈라디아서 4장 19절에서 바울은 "나의 자녀들아 너희 속에 그리스도의 형상이 이루기까지 다시 너희를 위하여 해산하는 수고를 하노라"고 고백합니다. 말씀을 통해 영적 생명이 태어나고, 그 생명이 성장하여 또 다른 제자를 낳을 수 있을 때, 그것이 복음의 생명적 선순환입니다.

어린아이에서 장성한 자로(히 5장)

히브리서 5장은 젖을 먹는 어린아이에 머물러 있는 신자들을 향해 안타까움을 표합니다. 말씀을 받은 자는 성장하여 단단한 음식을 먹고, 마침내는 다른 이를 가르치는 자가 되어야 합니다. 그리스도 안에서 자라 성숙해진 자는 결국 영적 전투에 투입되는 군사로서 무장하게 됩니다.

영적 성장 단계	특징
푸시키코스(혼적 사람)	복음을 듣지 못한 상태
사르키코스(육적 신자)	어린아이, 젖만 먹는 자
프뉴마티코스(영적 사람)	장성하여 무장된 제자

이러한 자는 하나님의 전신갑주를 입고, 복음의 신발과 믿음의 방패, 구원의 투구와 성령의 검을 들고 마귀와 대적하며 싸울 수 있는 자입니다. 단순한 지식이 아닌 실제 삶에서 복음을 살아내는 자입니다.

말씀을 행하고 가르치는 자가 참된 큰 자

예수님은 율법을 폐하려 오신 것이 아니라, 완전케 하러 오셨습니다. 그 완성은 바로 그리스도 자신이며, 그분 안에서 율법은 실현됩니다. 우리가 해야 할 일은 그분의 말씀을 마음에 간직하고, 삶으로 실천하며, 또 그것을 가르치는 것입니다.

하늘에서 크다 칭함을 받는 자는 바로 그런 자입니다. 그리스도의 말씀을 행하고, 그리스도의 말씀으로 사람을 세우며, 그리스도의 형상이 이루어지기까지 양육하는 자—그가 참된 랍비이며, 하나님께 인정받는 참된 스승입니다.

15

율법의 완성, 살인에 대한 참된 해석

(마 5:21-22)

살인에 대한 예수님의 해석은 단지 행위의 금지를 넘어섭니다. 예수님은 마태복음 5장 21-22절에서 제6계명 "살인하지 말라"를 언급하시며, 형제를 향한 분노, 멸시, 조롱까지도 동일한 죄로 선언하십니다. 이는 율법의 문자적 해석을 넘어서, 하나님의 형상을 존중하는 사랑의 본질로 나아가는 해석입니다. 그분의 해석은 율법의 완성자로서의 권위, 그리고 복음을 소유한 자가 반드시 생명을 살리는 자로 살아야 할 책임을 강조합니다.

율법의 의와 예수님의 해석

예수님께서 산상수훈을 통해 제자들에게 선포하신 말씀은 단순한 계명 낭독이 아니라, 율법의 본질과 하나님의 의도를 온전히 드러내기 위함이었습니다. 마태복음 5장 21-22절은 "살인하지 말라"는 제6계명을 바탕으로, 율법의 완성자로서 예수님께서 율법의 진의를 드러내신 본문입니다.

예수님께서 언급하신 "옛 사람에게 말한 바 살인하지 말라"는 말씀은 모세의 성문율법을 그대로 인용한 것이 아니라, 조상들로부터 전해져 내려온 해석과 가르침을 말합니다. 이는 유대교의 전통문서인 미쉬나(Mishnah)와 탈무드(Talmud) 등 구전율법 체계에 근거합니다.

- 헬라어 문장 ʾΗκούσατε ὅτι ἐρρέθη τοῖς ἀρχαίοις·는 수동태로, 하나님의 말씀이 조상들에 의해 전해졌음을 나타냅니다.

- 여기서 말하는 "옛 사람들"은 단순한 조상들이 아니라, 율법 해설자들, 즉 탄나임 학파의 랍비들을 가리킵니다.

학파	시기	역할
소페림	BC 400-200년	성문율법 보존, 율법 필사와 해석
주고트	BC 200-100년	해석 전통의 구체화
탄나임	BC 100-AD 220년	미쉬나 집대성, 예수님 당시 주류 학자들
아모라임	AD 220-500년	게마라(탈무드 보충설명) 작성

5장 20절에서 예수님은 바리새인과 서기관보다 나은 의가 없으면 결코 천국에 들어가지 못한다고 말씀하셨습니다. 이는 그들의 율법적 외형적 의, 즉 인간적인 의로는 하나님의 나라에 들어갈 수 없다는 뜻입니다. 서기관과 바리새인들의 의는 인간적인 의의 끝판왕입니다. 오직 예수 그리스도를 통해 주어지는 하나님의 의, 곧 아브라함의 의로만이 천국에 이를 수 있습니다.

율법의 완성자로서 오신 예수님

예수님은 율법을 폐하려 오신 것이 아니라 '플레로오'(πληρόω)—즉 완성하시기 위해 오셨습니다. 완성하신다는 말은 율법의 조문에 머무르지 않고 그 정신과 참뜻을 드러내어 온전하게 하시는 것입니다.

이제 본문인 5장 21절을 살펴보겠습니다.

옛 사람에게 말한 바 '살인하지 말라, 누구든지 살인하면 심판을 받게 되리라' 하였다는 것을 너희가 들었으나…

구전율법과 예수님의 갱신

여기서 '들었다'는 것은 '구전율법'의 형태로 조상들로부터 전해 내려온 율법 해석을 의미합니다. 헬라어로 '에르레쎄'는 수동태 과거형이며, '말해졌다'는 의미입니다. 이는 모세의 성문율법이 아니라, 바리새인들과 랍비들, 서기관 학파 등에 의해 해석되고 가르쳐졌던 구전 전통을 가리킵니다.

'살인하지 말라'는 헬라어로 '우 포뉴세이스'인데 οὐ φονεύσεις, 이는 직설법 미래형으로 70인역에서 영향을 받은 '강한 금지 명령'을 나타냅니다. 십계명 같은 율법의 선언은 명령법보다 오히려 이 직설법 미래형을 통해 더욱 엄격하게 표현됩니다.

이 구절은 문자적으로는 단지 사람을 물리적으로 죽이는 살인을 금하는 계명으로 이해되어 왔습니다. 유대인들은 이 계명을 그렇게 해석해 왔고, 이를 어기면 재판을 받고 심판을 받게 될 것이라 가르쳐졌습니다.

예수님의 해석: 마음과 말의 살인

예수님은 이처럼 제한적이고 외적인 해석에 도전하십니다. 예수님께서는 22절에서 이렇게 말씀하십니다.

나는 너희에게 이르노니, 형케에게 노하는 자마다 심판을 받게 되고, '라카'라

하는 자는 공회에 잡히게 되고, '미련한 놈'이라 하는 자는 지옥불에 들어가게 되리라

이 구절을 통해 예수님은 단지 물리적인 살인 행위가 아닌, 형제를 향한 마음속 분노, 혀로 하는 조롱과 멸시, 비난이 모두 동일한 살인의 죄에 해당함을 선언하신 것입니다.

- '노하는 자'—헬라어로 '오르기조메노스'(ὀργιζόμενος)는 현재 분사형으로, 지속적으로 분노에 사로잡힌 상태를 나타냅니다. 이 말은 히브리어 '하라'(הָרָה ;분노로 후끈 달아오르다, 격노하다)와 같은 의미입니다. 즉 창세기 4장 5절에서 동생 아벨을 살인한 가인의 분노 상태에서 잘 이해됩니다. 이는 일시적인 감정이 아니라, 분노의 습관화 또는 고의적인 미움 상태를 말합니다.

- '라카'(ῥακά)는 히브리어 '레크'(רֵיק) 또는 '리크'(רֵיק)에서 온 단어로 '텅 빈 자', '가치 없는 자', '멍청이'라는 뜻입니다. 이는 단순한 감정 표현이 아니라, 타인의 인격과 존재 자체를 무가치하게 여기는 태도입니다.

- '모레'(μωρέ)는 그리스어 '모로스'(μωρός)에서 온 말로, '지혜 없는 자', '분별력 없는 자'라는 뜻입니다. 이는 더 심각한 멸시와 조롱의 표현으로, 대상의 내면 전체를 부정하는 언어입니다.

세 단계의 심판 구조

이러한 표현들은 단순한 욕설이나 감정 표현이 아니라, 상대를 하나님의 형상으로 인정하지 않고 존재 자체를 부정하는 죄로 간주됩니다. 예수님께서는 이러한 태도가 살인의 본질과 다르지 않다고 말씀하신 것입니

다. 예수님은 이 세 가지를 점진적으로 심각한 죄로 구분하십니다:

1. 형제에게 분노하는 자는 '심판'에 해당합니다.

2. '라카'라 말하는 자는 '공회', 즉 산헤드린 공회에 재판을 받게 됩니다.

3. '모레'라 말하는 자는 '게헨나'—즉 불지옥에 들어간다고 선언하십니다.

예수님께서 말씀하신 이 심판의 세 단계는 단순한 처벌 강도의 구분이 아니라, 죄의 본질이 외적인 행위보다 내적인 상태와 말의 태도에 있다는 것을 강조하신 것입니다.

이제 "에노코스 에스타이"(ἔνοχος ἔσται)라는 표현을 보시면, 이 말은 '~의 관할 아래 있다', '죄를 지어 붙잡혀 있다'는 의미입니다. '에노코스'는 '엔(ἐν, 안에)'과 '에코(ἔχω, 소유하다)'의 합성으로, 심판의 손에 붙들려 있는 상태를 말합니다. 즉, 이 표현은 단순히 재판을 받는 것을 넘어서, 이미 유죄 판결을 받은 상태와도 유사한 의미를 내포합니다.

그렇다면 예수님께서 라카나 모레 같은 말을 한 자까지도 살인과 동일하게 취급하신 이유는 무엇일까요?

이는 구약적 율법과 신약적 성취 사이의 차이에서 그 근거를 찾을 수 있습니다. 구약에서는 "눈은 눈으로, 이는 이로"라는 동태복수법(Lex Talionis)이 존재했습니다. 이는 공평한 보복의 원칙이었고, 성문율법의 기초였습니다. 하지만 예수님께서는 이런 복수 원리를 넘어서서, 마음과 말의 상태까지도 하나님의 심판 앞에 세우신 것입니다.

그리고 그 기준은 하나님의 형상을 따라 지음 받은 사람을 어떻게 대하는가에 있습니다. 다시 말해, 형제를 향한 멸시나 조롱, 미움은 결국 하나님 자신을 멸시하는 행위로 이어질 수 있기 때문입니다.

우리가 기억해야 할 것은, 예수님께서 이 말씀을 선포하신 목적이 단순히 도덕적인 기준을 높이기 위함이 아니라, 인간의 내면 깊은 곳까지 드러내는 말씀, 곧 진리이시기 때문입니다.

요한일서의 적용: 영적 살인의 정체

그리고 여기서 요한일서 3장 15절을 떠올릴 수 있습니다.

그 형제를 미워하는 자마다 살인하는 자니, 살인하는 자마다 영생이 그 속에 거하지 아니하는 것을 너희가 아는 바라

요한 사도는 분명하게 말합니다. 형제를 미워하는 자는 이미 살인자이며, 그런 자 안에는 영원한 생명, 곧 예수 그리스도께서 거하지 않는다는 것입니다.

예수님께서는 그분 자신을 가리켜 "나는 길이요 진리요 생명이라" 하셨고, "내가 너희에게 이르는 말이 곧 영이요 생명이라"고도 하셨습니다. 그러므로 생명 되신 그분이 거하지 않는 자는, 그 마음이 비어 있는 자, 속이 빈 자이며, 그리스도가 없는 자가 되는 것입니다.

바로 이 점에서 '라카'나 '모레'라는 말이 단순한 비난이나 조롱이 아닌, 존재의 무가치화 선언이라는 것이 중요합니다. 그것은 상대방을 하나님

없는 자로 선언하는 것으로, 가장 심각한 영적 살인의 행위입니다.

이것은 결국 "복음을 전하지 않는 것", "형제를 무관심하게 외면하는 것"과도 연결됩니다. 복음을 가진 자가 그것을 전하지 않고 침묵하는 것은, 상대방을 향한 무관심이며 사랑의 부재이며, 영적 살인의 다른 형태라고도 말할 수 있습니다.

바로 여기에 복음을 소유한 우리가, 복음을 반드시 전해야 하는 이유가 있습니다. 우리는 살인을 피하는 것으로 끝나는 존재가 아니라, 생명을 살리는 존재가 되어야 하기 때문입니다.

이 내용은 단순한 윤리적 메시지가 아니라, 구속사적 해석 안에서 예수님의 말씀을 이해해야 할 중요 지점입니다.

이제 이 살인의 참된 본질을 더욱 깊이 이해하기 위해 예수님께서 사용하신 단어들을 어원적으로 살펴보겠습니다.

라카

'라카'(ῥακα)는 히브리어 '레크'(ריק)에서 유래된 것으로, '비어 있는', '무가치한'이라는 뜻을 가지고 있습니다. 단순히 멍청이나 우둔함을 지적하는 말이 아니라, 존재가 텅 비어 있다, 즉 하나님의 형상으로서의 가치를 부정하는 선언이 됩니다. 쉽게 말하면 그리스도의 생명이 자기 속에 없는 상태를 말합니다.

모레

‘모레’(μωρέ)는 헬라어 ‘모로스’(μωρός)에서 유래된 말로, 어리석은 자, 지혜가 없는 자라는 뜻입니다. 여기서 파생된 동사가 ‘모라이노’(μωραίνω)이며, 이는 ‘맛을 잃다’,’어리석다’, ‘어리석게 하다’라는 의미입니다.

이 단어는 마태복음 5장 13절의 “너희는 세상의 소금이다. 소금이 맛을 잃으면 무엇으로 짜게 하리요?”라는 말씀에서도 등장합니다. 예수님은 ‘맛을 잃은 소금’이라는 표현으로 하나님의 생명을 상실한 상태를 설명하신 것입니다.

즉, ‘모레’라고 형제를 부르는 것은 단지 감정적인 비난이 아니라, 그 사람 안에 하나님의 생명이 없다는 정죄의 선언입니다. 예수님은 그러한 선언이 결국 지옥불(게헨나)의 심판에 이르게 된다고 엄중히 경고하십니다.

게엔나

‘게엔나’(γέεννα)는 ‘힌놈의 아들 골짜기’를 의미하며, 구약에서 몰렉에게 인신 제사를 드리던 곳이었습니다. 이후 이 장소는 영원한 형벌의 장소, 곧 지옥의 상징으로 사용되었습니다.

예수님께서는 단순히 사람을 죽이는 것뿐 아니라, 형제를 향한 미움, 멸시, 무시, 조롱이 모두 게헨나에 이를 죄악이라고 말씀하신 것입니다.

진리의 드러남과 복음의 책임

이제 진리라는 단어에 대해 생각해 봅시다. 헬라어로 '알레데이아'(ἀλήθεια)는 '숨기지 않음', '드러냄'이라는 뜻을 갖습니다. 'a(부정 접두어, not)' + '(λανθάνω : 감추다, 숨기다)'의 합성어로, 진리는 드러낼 때 진리가 되는 것입니다.

이 진리가 바로 예수 그리스도입니다. 그리스도를 아는 것이 곧 영생(요 17:3)이며, 그 영생을 전하지 않고 감추는 것은 생명을 나누지 않는 것입니다. 그것은 결국, 살인의 반대편에 서 있는 것이 아니라, 다른 방식의 살인일 수 있습니다.

살인하지 않는 자가 아니라, 생명을 살리는 자

예수님께서 산상수훈에서 주신 이 말씀은 단지 법적인 해석의 갱신이 아니라, 하나님의 본심과 본질적 사랑을 선포하신 것입니다. 살인을 금하신 목적은 단지 죽이지 말라는 데 그치지 않습니다. 형제를 살리라는 뜻입니다. 복음을 전하라는 명령입니다. 생명을 나누라는 부르심입니다.

우리는 단지 살인을 피하는 자기 아니라, 생명을 전하고, 복음을 드러내고, 사랑으로 이끄는 자가 되어야 합니다.

형제를 미워하는 자는 살인하는 자니, 영생이 그 속에 거하지 아니하는 것을 너희가 아는 바라(요일 3:15)

이 말씀은 단순한 윤리적 경고가 아니라, 영원한 생명을 소유한 자가 어떤 삶을 살아야 하는지를 알려주는 진리의 선언입니다.

　　형제를 살리는 삶, 복음(생명)을 나누는 삶이야말로 율법을 완성하는 삶입니다.

　　이 장에서는 예수님의 말씀을 통해 살인의 본질이 단지 육체적 행위가 아닌 내면의 상태와 말의 태도에 있다는 것을 살펴보았습니다. '라카'와 '모레'라는 단어는 형제의 가치를 무시하고 존재 자체를 모독하는 말이며, 이는 하나님의 형상을 향한 도전이자 영적 살인의 표현입니다. 요한일서 3장 15절은 "형제를 미워하는 자는 살인하는 자"라고 말합니다. 이는 단순한 경고가 아닌, 영생이 없는 상태의 증거입니다. 살인을 피하는 것으로 만족해서는 안 됩니다. 우리는 복음을 전함으로써 형제를 살리고, 진리를 드러내는 자로 살아가야 합니다.

16

어리석음과 성도의 정체성

[1]그 때에 천국은 마치 등을 들고 신랑을 맞으러 나간 열 처녀와 같다 하리니 [2]그 중의 다섯은 미련하고 다섯은 슬기 있는 자라 [3]미련한 자들은 등을 가지되 기름을 가지지 아니하고 [4]슬기 있는 자들은 그릇에 기름을 담아 등과 함께 가져갔더니 [5]신랑이 더디 오므로 다 졸며 잘새 [6]밤중에 소리가 나되 보라 신랑이로다 맞으러 나오라 하매 [7]이에 그 처녀들이 다 일어나 등을 준비할새 [8]미련한 자들이 슬기 있는 자들에게 이르되 우리 등불이 꺼져가니 너희 기름을 좀 나눠 달라 하거늘 [9]슬기 있는 자들이 대답하여 이르되 우리와 너희가 쓰기에 다 부족할까 하노니 차라리 파는 자들에게 가서 너희 쓸 것을 사라 하니 [10]그들이 사러 간 사이에 신랑이 오므로 준비하였던 자들은 함께 혼인 잔치에 들어가고 문은 닫힌지라 [11]그 후에 남은 처녀들이 와서 이르되 주여 주여 우리에게 열어 주소서 [12]대답하여 이르되 진실로 너희에게 이르노니 내가 너희를 알지 못하노라 하였느니라 [13]그런즉 깨어 있으라 너희는 그 날과 그 때를 알지 못하느니라

성경은 "어리석다"는 개념을 단순한 지적 부족이 아닌, 생명이 없는 자, 성령 없이 행하는 자, 복음으로 변화되지 않은 자에 대한 철저한 경고로 사용합니다. 헬라어 '모로스'($\mu\omega\rho\acute{o}\varsigma$; 어리석은, 우둔한, 미련한)는 이와 같은 영적 공허함을 상징하며, 본 장에서는 이를 중심으로 열 처녀의 비유, 순종과 불순종, 어리석은 논쟁, 형제와 화해, 그리고 소금과 성도의 관계까지 포괄적으로 살펴보고자 합니다.

미련한 다섯 처녀(마 25장)

예수님께서 말씀하신 열 처녀의 비유에서 미련한 다섯 처녀는 등을 가지고 있었지만, 여분의 기름을 준비하지 않았습니다. 이는 형식적인 신앙은 있었지만, 실질적인 내면의 준비—성령, 믿음, 생명—이 결여된 상태를 의미합니다.

'기름이 없었다'는 것은 단순히 깜빡 잊은 것이 아니라, 아예 처음부터 준비되어 있지 않았던 것입니다. 그래서 신랑이 왔을 때 등을 켜지 못하고, 결국 신랑을 알아보지 못하게 됩니다. 기름이 없다는 것은 불을 밝힐 수 없다는 것이며, 곧 빛이 없는 밤의 상태, 그리스도를 알 수 없는 상태입니다.

지혜로운 처녀는 기름을 준비해 등불을 밝힐 수 있었고, 이는 곧 그들이 낮 가운데 있었다는 것을 보여줍니다. 성경에서 '빛'은 종종 '낮'으로 연결되고, 낮은 실족하지 않는 상태를 뜻합니다. 예수님도 말씀하셨습니다:

낮이 열두 시간이 아니냐. 사람이 낮에 다니면 이 세상의 빛을 보므로 실족하지 아니하나, 밤에 다니면 빛이 그 사람 안에 없으므로 실족하느니라

그러므로 기름 없는 자는 불을 켤 수 없고, 빛이 없고, 밤 가운데 머무는 자, 즉 어리석은 자, 생명의 빛이 그 속에 없는 자입니다.

구분	지혜로운 처녀	미련한 처녀
준비	여분의 기름을 준비함	기름 없음
상태	등불 밝힘 -> 낮의 상태	등불 없음 -> 밤의 상태

상징	성령, 빛, 믿음	공허함, 무지, 준비되지 않음

이 비유는 신앙의 준비가 외적인 행위보다 내적인 충만, 즉 기름(성령)으로 채워진 상태가 본질적이라는 점을 강조합니다.

어리석은 집 짓기 (마 7:24-27)

마태복음 7장에서 예수님은 자신의 말씀을 듣고 행하는 자를 반석 위에 집을 지은 지혜로운 자에 비유하셨고, 듣고 행하지 않는 자를 모래 위에 집을 지은 어리석은 자라 하셨습니다.

이때 '행하지 않는' 불순종은 헬라어로 '파라아쿠오'(παρακούω)인데, 이는 '옆으로 듣다', '불복종하다, 들으려 하지 않다' 즉 말씀을 흘려듣는 것입니다. 반면 '휘포아쿠오'(ὑπακούω)는 '아래에서 듣다, 말을 듣다', 즉 순종하는 자세입니다.

구분	휘포아쿠오(순종)	파라아쿠오(불순종)
듣는 태도	아래에서 듣다(말씀에 복종)	옆으로 듣나(말씀을 흘려버림)
결과	반석 위에 집 짓기	몰래 위에 집 짓기

첫 아담은 '파라아쿠오'–불순종으로 인해 많은 사람이 죄인이 되었고, 마지막 아담(예수)은 '휘포아쿠오'–순종함으로 많은 사람이 의롭게 되었습니다. 순종은 단순한 청종이 아니라, 말씀 아래 머무는 삶을 말합니다.

따라서 어리석은 자는 말씀을 들었으나 삶의 기초로 삼지 않은 자입니다. 이러한 사람은 말씀을 흘려보내는 자이며, 바로 모로스(μωρός; 어리석은 자)의 전형입니다.

무익한 논쟁과 공허한 말: 디모데후서와 디도서의 교훈

디모데후서 2장 23절에서는 이렇게 말씀합니다:

어리석고 무식한 변론을 버리라. 이것이 다툼을 일으키는 줄 앎이라

여기서 '어리석고'는 헬라어로 μωράς, '무식한'은 ἀπαιδεύτους, 즉 '교육받지 못한', '훈련되지 않은'이라는 의미입니다. 'ζητήσεις'는 '논쟁, 탐색, 문제 제기'를 뜻하며, 복음을 왜곡하고 교회를 분열시키는 무익한 언쟁을 일컫습니다.

디도서 3장 9절은 더 구체적으로 나열합니다:

어리석은 변론과 족보 이야기와 분쟁과 율법에 대한 다툼을 피하라. 이것은 무익하고 헛되니라

이 구절에서 등장하는 단어들:

- 게네아로기아: 족보 이야기 (가문과 출신을 강조)
- 헤리스: 말다툼, 분열
- 노미카스: 율법 논쟁 (당시 유대인의 율법적 우월 주장)
- 마타이오스: 헛됨, 공허함, 생명 없음

표현	헬라어 원어	의미
어리석은 변론	μωράς ζητήσεις	공허한 논쟁, 무가치함
무식한 변론	ἀπαιδεύτους ζητήσεις	교육받지 못한 주장

족보 이야기	γενεαλογίας	출신, 학연, 가문 강조
율법 논쟁	νομικὰς	교리 다툼, 율법적 논쟁
헛됨	μάταιοϊ	생명 없음, 공허함

사도 바울은 이러한 모든 논쟁을 단호히 '피하라'고 명령합니다. 이는 곁에 두지도 말고, 상대하지도 말라는 뜻입니다. 즉, 변론은 그 자체가 목적을 잃고 결국 '싸움과 분열'을 낳기에, 모로스의 전형적 행태로 간주됩니다.

형제와 화해: 진정한 성도됨의 증거 (마 5:23-24)

예수님께서는 제물을 하나님께 드리기 전에, 형제와의 관계를 먼저 정리하라고 하십니다. 마태복음 5장 23-24절의 가르침은 매우 급진적입니다:

그러므로 예물을 제단에 드리려다가 거기서 네 형제에게 원망들을 만한 일이 있는 것이 생각나거든, 예물을 제단 앞에 두고 먼저 가서 형제와 화목하고 그 후에 와서 예물을 드리라

이 말씀의 핵심은 다음과 같습니다:

- '제단 앞에 예물을 두고': 하나님과의 관계보다 형제와의 관계 회복이 우선이라는 뜻

- '먼저 가서 화목하라': 능동적인 화해의 행위가 강조됨

- '화목하다(διαλλάσσω)'는 단순한 감정적 용서가 아니라, '철저한 변화와 교환'을 의미함

즉, 화해란 단순히 과거를 잊는 것이 아니라, 관계의 본질을 완전히 회복시키는 영적 전환을 말합니다. 이때의 '형제'는 단순히 혈육이 아니라, 하나님의 뜻을 행하는 자, 곧 성도이자 그리스도의 지체입니다.

- 형제란 단순한 혈육이 아닌, 그리스도의 생명을 공유하는 성도를 의미합니다.

- 형제 사이에 'τι κατὰ σοῦ(반대되는 어떤 것)'가 있으면, 곧장 재물을 내려놓고 형제와 먼저 화목해야 합니다.

- 이때 화해는 단순한 감정적 중재가 아니라, 철저한 내면의 변화이며 복음으로 말미암은 회복입니다.

핵심 개념	헬라어 표현	의미
화해	디아라쏘	철저하게 바꾸다, 정체성을 바꾸는 변환
소금	할라스	영원성, 생명의 말씀, 변화의 도구
소금없는 자	모로스	공허한 자, 빛이 없는 자

소금과 화해: 영원한 생명을 가진 성도의 본질(막 9:50)

예수님께서는 마가복음 9장 50절에서 다음과 같이 말씀하십니다:

소금은 좋은 것이로되, 만일 소금이 그 맛을 잃으면 무엇으로 짜게 하리요? 너희 속에 소금을 두고 서로 화목하라

이 구절에서 핵심은 다음과 같습니다:

- 소금은 '그리스도'와 '그분의 생명 말씀'을 상징합니다.

- '소금을 두라'는 명령은 예수 그리스도의 본질로 채워져야 화해와 화평이 가능함을 뜻합니다.

- 맛을 잃은 소금은 '소금이 아닌 것' 가짜 소금 즉 외형만 있고 본질이 없는 신앙을 뜻합니다.

고대 중동의 돌소금 개념에서, 겉은 소금처럼 보이지만 속에 소금 성분이 없는 경우가 있었으며, 예수님은 이를 비유로 삼아 껍데기만 남은 신앙, 즉 '모로스'의 상태를 경고하셨습니다.

여기서 소금은 변하지 않는 하나님의 언약, 예수 그리스도의 생명을 상징합니다. 이 소금이 우리 안에 있어야 참된 화해, 곧 영적 형제가 가능하다는 뜻입니다.

불교나 세상 철학은 '비워야 한다'고 하지만, 성경은 오히려 '채워야 한다'고 가르칩니다. 그리스도로 채워야 내 안의 탐욕, 육신, 어리석음이 제거되는 것입니다.

'모로스'는 단순히 지적 무능을 뜻하는 것이 아니라, 성령의 부재, 믿음의 결핍, 생명의 없음, 순종하지 않는 삶, 복음으로 변화되지 않은 상태를 모두 아우릅니다. 성경은 이러한 상태를 어리석음이라 정의하며, 복음으로 채움으로써만이 참된 빛과 생명, 그리고 형제됨이 회복된다고 가르칩니다.

이제 이러한 신학적 어리석음의 상태가 어떻게 현대 교회와 성도들의 삶 가운데 나타나는지를 실천적 적용 중심으로 살펴보겠습니다.

지혜로운 자와 성도의 실천

어리석음(모로스)의 반대 개념은 성경에서 '지혜로운 자', 곧 하나님의 말씀을 듣고 깨달아 행하는 자입니다. 본 장에서는 지혜자의 정체성과 그 실천을 중심으로, 산상수훈과 신약 성경 전반의 가르침을 통해 성도가 어떤 존재로 살아가야 하는지를 구체적으로 조명합니다.

1. 지혜로운 자란 누구인가?

지혜는 히브리어로 '호크마'(חָכְמָה), 헬라어로는 '소피아'(σοφία)로 표현됩니다. 이 지혜는 단순한 정보나 경험이 아닌, 하나님을 경외하는 마음에서 비롯된 분별력과 순종의 삶을 말합니다.

여호와를 경외하는 것이 지혜의 근본이요, 거룩하신 자를 아는 것이 명철이니라(잠 9:10)

예수님께서 산상수훈에서 지혜로운 자는 말씀을 듣고 그대로 '행하는 자'라고 하셨습니다. (마 7:24 참조) 즉 지혜는 항상 행함과 연결된 믿음의 열매입니다.

구분	지혜로운 자	어리석은 자(모로스)
본질	하나님을 경외함, 말씀을 행함	성령없이 외형만 가진 자
행위	말씀을 삶에 적용함	말씀을 듣고도 흘려보냄
열매	빛과 생명의 증거	공허함, 논쟁, 분열, 죽음

2. 지혜자는 말씀에 뿌리내린 자다 (시 1편, 골 3:16)

지혜로운 자는 주의 말씀을 즐거워하여 주야로 묵상하는 자입니다. 시편 1편은 악인의 꾀를 따르지 않고, 말씀의 법을 사랑하는 자를 '복 있는 사람'으로 정의합니다. 이러한 자는 '시냇가에 심은 나무'처럼 항상 푸르고 시절을 따라 열매를 맺습니다.

바울 또한 골로새서 3장 16절에서 "그리스도의 말씀이 너희 속에 풍성히 거하게 하라"고 권면합니다. 지혜는 곧 말씀에 뿌리내린 자의 삶에서 흘러나오는 것입니다.

3. 지혜자의 삶: 실천적 성도의 정체성

지혜로운 자는 단순히 지식을 아는 자가 아니라, 그리스도를 닮아가는 자입니다. 이는 다음의 세 가지로 나타납니다:

1) 관계에서의 화평: 형제와 화해하며, 시기와 분열을 피함 (약 3:17)

2) 말에서의 절제: 말이 적고 경건하며, 논쟁을 멀리함 (전 10:12)

3) 행위에서의 열매: 의의 열매, 사랑의 수고, 믿음의 인내 (갈 5:22-23)

야고보 사도는 지혜를 다음과 같이 묘사합니다:

위로부터 난 지혜는 첫째 성결하고, 다음에 화평하고, 관용하고 양순하며, 긍휼과 선한 열매가 가득하고, 편견과 거짓이 없느니라(약 3:17)

이러한 지혜는 성령의 충만함을 통해 주어지는 것이며, 세상의 철학이나 논리로 도달할 수 없는 신령한 것입니다.

4. 지혜와 어리석음의 분기점: 그리스도 중심성

결국 지혜와 어리석음을 가르는 가장 본질적인 기준은 예수 그리스도를 중심으로 살아가느냐의 여부입니다. 바울은 고린도전서 1장 24절에서 그리스도를 하나님의 지혜라 칭합니다:

오직 부르심을 받은 자들에게는 유대인이나 헬라인이나 그리스도는 하나님의 능력이요 하나님의 지혜니라

즉, 그리스도 자체가 지혜의 본질이며, 그분을 떠난 모든 신앙과 행위는 결국 모로스—공허하고 무가치한 것으로 귀결됩니다.

지혜로운 자는 자신을 비우고 그리스도로 충만해지며, 자신을 제물로 드림으로써(롬 12:1) 진정한 성도가 됩니다.

요약 정리

- 지혜는 단순한 정보가 아닌 '하나님을 경외하고 말씀을 실천하는 삶'이다.
- 지혜자는 형식이 아닌 본질로, 지식이 아닌 열매로 증명된다.
- 지혜의 핵심은 '그리스도 중심성'이며, 그분 안에 거하는 자만이 참된 성도다.

주기도문

기도하라 명하신 주님의 말씀

예수님께서는 제자들에게 '너희는 이와 같이 기도하라'(마 6:9)고 말씀하시며, 주기도문을 가르치셨습니다.

$$\text{οὕτως οὖν προσεύχεσθε ὑμεῖς}$$

여기시 'προσεύχεσθε'는 명령법으로, 단순한 제안이 아니라 하나님 나라의 백성으로서 반드시 행해야 할 기도의 방식입니다. 주님은 제자들에게 기도할 책임과 방향을 명확히 주셨습니다.

'προσεύχεσθε'는 '기도하다'는 일반적 의미를 지닌 동사이고, 그 명사형 '프로슈케'(προσευχή)는 하나님께 드리는 일반적인 기도를 가리킵니다. 이는 모든 형태의 기도를 포괄하는 용어로, 기도는 하나의 형식에만 국한되지 않고 다양한 종류로 나뉩니다. 다음은 대표적인 기도 유형입니다(딤전 2:1):

구분	헬라어	의미
일반 기도	προσευχη	하나님께 향한 일반적인 기도
긴급한 기도	δεήσεις	긴박한 상황에서 드리는 애원
감사의 기도	εὐχαριστίας	하나님의 은혜에 대한 감사
중보 기도	ἐντεύξεις	중보적 간구, 대신 기도

이 중 주기도문에서 사용된 'προσεύχεσθε'는 일반 기도(προσευχη)의 동사형이며, '하나님께 향해 드리는 기도'를 의미합니다. 이는 성도가 평상시 하나님과 교제하며 드리는 기도의 본질을 설명합니다.

아버지를 부를 수 있는 자는 누구인가?

'하늘에 계신 우리 아버지(Πάτερ ἡμῶν ὁ ἐν τοῖς οὐρανοῖς)'라는 표현에서, '아버지'는 단순한 보통 명사가 아니라 고유명사로 사용됩니다. 헬라어에서는 고유명사, 문단의 시작, 그리고 직접화법의 피전달부에서 첫 단어에 대문자를 사용합니다. 본문에서 'Πάτερ(아버지)'에 대문자가 쓰인 것은, 단순한 인간 아버지가 아니라 창조주 하나님을 가리키는 고유명사임을 보여 줍니다. 특별히 선택과 구속으로 언약관계를 맺은 하나님의 자기백성에 대한 아버지이심을 의미합니다.

헬라어 문법적으로도 ἐν τοῖς οὐρανοῖς(하늘들 안에)'라는 전치사구는 전체 문장을 형용사적으로 수식하며, '하늘에 계신'이라는 뜻이 명확하게 드러납니다. 이 표현은 단순히 장소를 가리키는 것이 아니라, 하나님이 초월적인 존재로서 거하시며 다스리시는 권세의 영역을 의미합니다.

이 하나님을 '아버지'라고 부를 수 있는 사람은 누구입니까? 예수 그리스도를 믿고, 그분의 구속을 받아들인 자만이 하나님을 '아버지'라고 부를 수 있습니다. 요한복음 17장 6절에서 예수님은 "아버지께서 내게 주신 사람들이 아버지를 알았다"고 말씀하십니다. 이는 곧 예수 그리스도를 통해서만 아버지를 알 수 있다는 의미입니다.

예수님께서 겟세마네 동산에서 '아빠 아버지여'($\alpha\beta\beta\alpha$ $\dot{o}$ $\pi\alpha\tau\acute{\eta}\rho$)(막 14:36)라고 기도하신 것처럼, 예수님은 하나님을 친밀하고 애정 어린 호칭으로 부르셨습니다. '아빠'는 후기 아람어의 헬라어 음역으로 아버지를 지칭하는 말로, 우리말의 '아빠'와 발음도 거의 같습니다. 이는 단순한 표현이 아니라, 실제 자녀로서의 친밀함을 나타내는 고백입니다.

갈라디아서 4장 6절에서는 "너희가 아들임으로 하나님이 그 아들의 영을 너희 마음 가운데 보내사 아빠 아버지라 부르게 하셨느니라"고 말씀합니다. 이때 말하는 '아들의 영'은 곧 보혜사 성령이십니다. 성령께서 우리 안에 거하시며, 우리로 하여금 하나님을 '아빠 아버지'라 부르게 하십니다.

로마서 8장 15절에서도 "너희는 다시 무서워하는 종의 영을 받지 아니하고 양자의 영을 받았으므로 우리가 아빠 아버지라 부르짖느니라"고 하며, 하나님의 영을 받은 자만이 하나님을 진정한 아버지로 고백할 수 있음을 강조합니다.

구절	내용
갈 4:6	아들의 영이 우리 마음에 임하심으로 '아빠 아버지'라 부르게 하심
롬 8:15	종의 영이 아닌 양자의 영을 받아 하나님을 부름
막 14:36	예수님도 고난 중에 '아빠 아버지'라 부르심

이처럼 하나님을 아버지라 부르는 것은 종교적 표현이 아니라, 거듭난 자의 특권이며 신분의 고백입니다.

양자의 영을 받은 자와 하나님의 후사

우리는 본래 피조물이며, 하나님의 본질적 아들은 예수 그리스도 한 분뿐입니다. 하지만 성령으로 거듭난 자는 '양자의 영'을 받아 하나님의 아들로 입양된 자들입니다. 헬라어로는 '히오데시아'($\upsilon\iota o\theta\epsilon\sigma\acute{\iota}\alpha\varsigma$)로, '아들로 세움'을 뜻합니다. 이는 하나님께서 우리를 자신의 자녀로 삼아주셨다는 위대한 선언입니다.

이 양자된 자들은 '하나님의 후사'입니다. 로마서 8장 17절은 '자녀이면 또한 후사 곧 하나님의 후사요 그리스도와 함께한 후사니…'라고 말합니다. 하나님의 후사로서 우리는 아버지의 기업을 상속받게 됩니다. 이는 단순한 신분의 변화가 아니라, 실제로 하나님 나라의 유업을 물려받는 자가 된다는 의미입니다.

주기도문 속 3인칭 명령법의 신학

주기도문에서 사용된 '이름이 거룩히 여김을 받으시오며($\acute{\alpha}\gamma\iota\alpha\sigma\theta\acute{\eta}\tau\omega$ $\tau\grave{o}$ $\check{o}\nu o\mu\acute{\alpha}$ $\sigma o\upsilon\cdot$)', '나라가 임하시오며($\acute{\epsilon}\lambda\theta\acute{\epsilon}\tau\omega$ $\acute{\eta}$ $\beta\alpha\sigma\iota\lambda\epsilon\acute{\iota}\alpha$ $\sigma o\upsilon$)', '뜻이 이루어지이다($\gamma\epsilon\nu\eta\theta\acute{\eta}\tau\omega$ $\tau\grave{o}$ $\theta\acute{\epsilon}\lambda\eta\mu\acute{\alpha}$ $\sigma o\upsilon$)'는 모두 헬라어 3인칭 명령법입니다. 이는 영어에도 존재하지 않는 독특한 문법 구조입니다. 대부분의 명령법이 2인칭(너는 ~하라)을 사용하는 데 반해, 3인칭 명령법은 '그것이 ~되게 하소서'라는 표현이 되며, 표면적으로는 주체가 기도자가 아닌 것처럼 보입니다.

  그러나 이 문법 구조는 기도자가 자발적으로 결단하여 그 뜻이 이루어지도록 살아가겠다는 다짐을 담고 있습니다. 이는 단순한 요청이나 수동적 기대가 아니라, '그 일이 이루어지도록 내가 헌신하겠습니다'라는 주체적 신앙고백입니다.

표현	헬라어 원문	의미	기도자의 역할
이름이 거룩히 여김을 받으시오며	ἁγιασθήτω τὸ ὄνομά σου·	당신의 이름이 거룩히 여김을 받게 하소서	내가 그 이름을 높이며 살겠습니다
나라가 임하시오며	ἐλθέτω ἡ βασιλεία σου·	당신의 나라가 임하게 하소서	내가 당신의 통치를 이 땅에 이루겠습니다
뜻이 이루어지이다	γενηθήτω τὸ θέλημά σου	당신의 뜻이 이루어 지게 하소서	내가 당신의 뜻에 순종하겠습니다

  이러한 해석은 주기도문을 단순한 외움이나 형식적인 반복이 아닌, 삶 전체를 하나님께 드리는 헌신의 기도로 만들어 줍니다. 주기도문은 아들이 된 자의 결단이며, 이 땅에서 하나님의 통치를 실현하기 위한 다짐입니다.

통치로서의 하나님의 나라

  '나라가 임하시오며'라는 기도에서 '나라'(바실레이아)는 단순한 장소가 아니라 '통치', '주권'을 의미합니다. 즉, 하나님의 통치가 나의 삶에, 이 땅에, 모든 민족과 영역에 임하기를 바라는 기도입니다.

  출애굽기 19장 5-6절에서 하나님은 이스라엘에게 "너희가 내 말을 잘 듣고 내 언약을 지키면 모든 민족 중에서 내 소유가 되겠고, 너희는 내게 제사장 나라가 되며 거룩한 백성이 되리라"고 말씀하십니다. 이는 장소적 나라가 아니라, 하나님의 통치를 받는 백성으로서의 '나라'를 의미합니다.

신약의 베드로전서 2장 9절은 이 언약을 교회에게 적용하여 "너희는 택하신 족속이요, 왕 같은 제사장들이요, 거룩한 나라요, 그의 소유된 백성이니…"라고 선언합니다. '나라'는 곧 하나님의 통치를 받는 사람들의 공동체입니다.

구절	핵심표현	의미
출 19:6	제사장 나라	하나님의 말씀과 법 아래 있는 백성
벧전 2:9	거룩한 나라	예수 그리스도를 따르는 자들의 공동체

따라서 "나라가 임하소서"는 아직 하나님의 통치가 임하지 않은 영역, 곧 복음이 닿지 않은 심령과 민족, 도시와 나라 안에 하나님의 통치 주권이 실현되기를 바라는 간구이자 결단입니다.

하나님의 신부, 정결한 아들들

성경은 하나님의 백성을 두 가지 정체성으로 묘사합니다. 하나는 하나님의 아들들, 또 하나는 그리스도의 신부입니다.

호세아서에서는 간음한 여인을 아내로 맞이한 선지자 호세아를 통해 하나님과 이스라엘의 관계를 설명합니다. 하나님은 배반한 이스라엘을 다시 정결한 신부로 삼아주시며, "내가 네게 장가들리니 영원히 살되 정의와 공의와 인애와 긍휼히 여김으로 네게 장가들며"(호 2:19)라고 선언하십니다.

이 '장가든다'는 히브리어 '아라스'(אָרַשׂ)는 단순한 재혼이 아니라 정결한 처녀로 맞이한다는 뜻입니다. 즉, 과거의 죄가 완전히 제거된 새롭고 정결한 신부로 삼으신다는 약속입니다. 이 신부가 바로 교회이며, 동시에 하나님의 아들들입니다.

14만 4천과 하나님의 나라 완성

계시록에서는 '14만 4천'이라는 표현이 등장합니다. 이는 문자 그대로의 숫자가 아니라 상징적인 표현으로, 구약의 열두 지파와 신약의 열두 사도, 그리고 천이라는 수가 곱해져 하나님의 백성의 충만한 수를 상징합니다.

계 7:4과 14:1-5에서는 이들이 어린 양을 따르며, 이마에 하나님의 인, 곧 아버지의 이름과 어린 양의 이름이이 기록되어 있는 자들로 묘사됩니다. '셀 수 없는 무리'로도 표현된 이들은 모든 나라와 족속, 백성, 언어 가운데서 구원받은 자들입니다.

'나라가 임한다'는 것은 이 14만 4천, 즉 하나님이 예정하신 자들이 모두 복음을 듣고 믿어 그리스도의 통치를 받는 자로 들어오는 것을 의미합니다. 그러므로 이 기도는 복음 전파와 선교의 열정을 전제로 합니다.

개념	의미
14만 4천	하나님의 구속 백성 전체(상징적 수)
신부	그리스도와 하나 되는 정결한 공동체
통치의 완성	복음이 모든 백성에게 전파되어 예수의 주권이 임함

주기도문은 아들이 드리는 기도다

주기도문은 단순히 외워서 드리는 기도가 아닙니다. 이는 하나님을 아버지로 부를 수 있는 자, 곧 예수 그리스도로 말미암아 하나님의 아들 된 자만이 드릴 수 있는 기도입니다. 이 기도는 "하늘에 계신 우리 아버지"를 부름으로 시작하며, 이름과 나라와 뜻이 온전히 이루어지기를 기도자의 삶 전체를 통해 헌신하며 고백하는 다짐입니다.

- '당신의 이름이 거룩히 여김을 받게 하소서' – 내가 당신의 이름이 거룩히 여김을 받도록 복음전파 하겠습니다

- '당신의 나라가 임하소서' – 내가 당신의 통치 주권이 실현되도록 복음전파 하겠습니다

- '당신의 뜻이 이루어지이다' – 내가 당신의 뜻이 성취되도록 복음전파 하겠습니다

하나님의 이름이 높임을 받고, 그분의 통치가 내 삶과 공동체와 세상에 임하며, 그 뜻이 땅에서도 이루어지는 삶을 살겠다는 다짐이 바로 주기도문의 핵심입니다. 이것이 아들이 드리는 기도입니다.

주기도문(2)

하늘에서 이루어진 뜻, 땅에서도 이루어지이다

3인칭 명령법의 신학적 의미

"γενηθήτω τὸ θέλημά σου"(당신의 뜻이 이루어지이다)는 헬라어에서 3인칭 명령법 형태입니다. 이 문법은 단순한 명령이 아니라, 강한 요청, 간청, 바람의 의미를 내포합니다. 그러므로 본 기도는 단순한 수동적 기원이 아니라, 하나님의 뜻이 이 땅에서도 실현되기를 적극적으로 요청하는 성도의 자세를 담고 있습니다.

이 요청은 "하늘에서와 같이(ὡς ἐν οὐρανῷ)"라는 비교 접속사를 통해 강조됩니다. 하늘에서 이미 완전히 이루어진 하나님의 뜻이 이 땅 위에도 동일하게 실현되기를 바라는 것입니다. 이 때 사용된 3인칭 명령법은 단순한 기원이 아닌, 창조주 앞에서 피조물이 드리는 간구이며, 동시에 하나님의 뜻에 자발적으로 참여하겠다는 결단의 신앙 고백입니다.

하늘과 땅의 차이

　하늘은 이미 완성된 하나님의 공간입니다. 그곳에는 산 자들―곧 믿음을 따라 의롭게 된 자들만이 거합니다. 하늘은 완전함과 충만함의 영역입니다. 그러나 이 땅은 아직 미완의 상태이며, 산 자가 아니라 죽은 자들이 주를 이루고 있습니다. 바로 이 땅에서 하나님의 뜻이 실현되어야 할 필요성이 존재합니다.

구분	하늘	땅
상태	완성됨, 충만함, 완전함	미완성, 불완전함, 죽은 자들
구성원	산 자(믿는 자, 성도)	죽은 자(믿지 않는 자들)
역할	하나님 뜻이 이미 이루어짐	하나님의 뜻이 이루어져야 함

하나님의 뜻: 산 자를 통해 죽은 자를 살리시는 것

　요한복음 6장 39~40절에 나타난 아버지의 뜻은 명확합니다. 주님은 아버지의 뜻을 다음과 같이 증거하십니다:

나를 보내신 이의 뜻은, 내게 주신 자 중 하나도 잃어버리지 아니하고 마지막 날에 다시 살리는 것이니라. 내 아버지의 뜻은 아들을 보고 믿는 자마다 영생을 얻는 이것이니, 내가 마지막 날에 그를 다시 살리리라

　하나님의 뜻은 멸망이 아니라 생명입니다. 죽은 자를 살리는 것이 바로 하나님의 뜻입니다. 하늘에서 이 뜻은 이미 이루어졌습니다. 하지만 이 땅에서는 산 자가 필요합니다. 아버지의 뜻은 바로 이 산 자, 곧 하나님의 아들들을 통해 이 땅에 이루어집니다. 이는 곧 성령으로 거듭난 자들, 하나님을 '아빠, 아버지'라 부를 수 있는 자들이 그 뜻을 구현하는 것입니다.

아버지의 뜻을 이루는 주체: 하나님의 아들들

예수님께서는 단순히 심판을 위해 오신 것이 아니라 구원을 위해 오셨습니다. 산 자들만이 하나님의 뜻을 이해하고, 그 뜻을 실현할 수 있습니다. 아버지께서 친히 모든 일을 하신다면, 복음도 필요 없고, 인간의 존재 이유도 사라질 것입니다. 그러나 하나님은 아들들을 통해 땅에서도 뜻이 이루어지게 하십니다. 이로써 "당신의 뜻이 이루어지이다"는 단순한 수동적 기도가 아니라, "제가 아버지의 뜻을 이 땅에 이루겠습니다"라는 능동적 헌신의 표현입니다. 이 기도는 산 자의 의지와 결단이 담긴 선언입니다.

일용할 양식의 의미: 위에서 내려온 떡

"일용할 양식을 주시옵고"에서 "일용할"이라는 말은 헬라어 "ἐπιούσιον"(에피우시오스)로, 단순히 하루 먹을 양식을 의미하지 않습니다. 이 말은 '위에 존재하는 존재적 떡'(보리밥, ἄρτος)이라는 깊은 의미를 포함합니다.

요한복음 6장 33절과 51절에서 주님은 스스로를 "하늘로부터 내려온 살아 있는 떡"이라 하셨습니다. 그러므로 우리가 구하는 떡은 단순한 육신의 음식이 아니라, 주님의 말씀과 생명입니다.

[두 양식의 비교]

구분	육신의 양식	영적 양식
원천	인간의 수고	하늘에서 내려옴
수혜자	모든 사람(의인과 악인 포함)	산 자(거듭난 자, 하나님의 아들들)
지속성	일시적	영원한 생명

산 자만이 떡을 먹고, 하나님의 뜻을 이룬다

이 땅에서 하나님의 뜻을 실현하기 위해서는 위에서 내려온 떡을 먹어야 합니다. 이는 곧 주님의 말씀을 받아들이고, 삶 속에서 순종으로 살아내는 것을 뜻합니다. 죽은 자는 이 양식을 받을 수 없습니다. 산 자, 곧 하나님의 아들들만이 이 떡을 먹고 하나님의 뜻을 이 땅에 이룰 수 있습니다. 그리스도의 통치 아래 있는 자들, 이미 하나님의 기업을 상속받은 자들만이 이 기도를 드릴 수 있습니다. 그들은 오늘, 바로 오늘 위에 있는 그 떡을 요청합니다. 이는 또한 주님이 말씀하신 생명의 떡, 곧 자신을 먹으라고 하신 그 명령과도 직결됩니다.

결론: 기도는 사명의 선언이다

이 기도는 아무나 드릴 수 있는 기도가 아닙니다. 하나님의 뜻을 알고, 그 뜻을 자신의 삶을 통해 실현하고자 하는 자들만이 이 기도를 온전히 이해하고 올릴 수 있습니다. 주기도문은 그리스도의 생명에 참여한 산 자들의 기도이며, 하나님의 나라와 뜻이 이 땅에 임하기 위한 거룩한 헌신의 선언입니다.

아버지, 내가 이 땅 위에서 당신의 뜻을 이루겠습니다

이 기도가 우리의 일상이 되기를 소망합니다. 아멘.

시험에 들게 하지 마옵시고

사랑의 빚과 탕감의 사역

탕감의 문제, 결국 그 탕감은 죄의 문제입니다. 주님께서 우리의 죄를 이미 모두 탕감해 주셨기 때문에 우리는 그 은혜에 감사하며, 다른 사람에게도 그 탕감의 사역을 감당해야 합니다. 이것이 바로 사랑의 빚입니다.

로마서 1장 14절에 보면 바울은 "내가 헬라인이나 야만인이나 지혜 있는 자나 어리석은 자에게 다 빚진 자라"고 말합니다. 여기서 말하는 빚은 물질적인 현실적 빚이 아니라, 주님의 사랑의 빚을 말하는 것입니다. 주님이 우리의 죄를 당신의 피로 대신하여 대속하셨고, 그로 인해 우리는 큰 빚을 지게 된 것입니다. 그 빚은 바로 사랑의 빚입니다.

그렇기에 우리는 그 사랑의 빚을 갚아야 합니다. 어떻게 갚습니까? 주님의 사랑을 우리가 받은 것처럼, 우리도 다른 사람에게 그 사랑을 전하는 것입니다. 주님이 우리의 죄를 탕감하셨듯, 우리도 그들의 죄가 예수 그리스도를 통해 탕감받을 수 있도록 돕는 것입니다. 이것이 복음 전도입니다.

이 복음을 전하여 그들도 예수 그리스도를 만나도록 도와야 합니다. 그들도 똑같이 사랑의 빚을 진 자로서, 빚을 갚아가는 삶을 살게 하는 것입니다. 이것이 바로 로마서 13장 8절의 말씀처럼, "피차 사랑의 빚 외에는 아무 빚도 지지 말라"는 뜻입니다. 사랑의 빚, 용서의 빚을 지는 것입니다.

용서는 내가 스스로 하는 것이 아닙니다. 내가 받은 용서를 예수 그리스도를 통해 상대방에게 흘려보내는 것입니다. 내가 받은 사랑을 나누는 것입니다. 그러므로 내가 복음을 전하고, 예수 그리스도를 나타내고, 그들이 복음을 듣고 구주를 알도록 가르치는 것이 바로 이 빚을 갚는 일입니다.

화평의 사역과 소금의 역할

"너희 속에 소금을 두고 서로 화평하라"는 말씀이 있습니다(막 9:50). 소금은 변치 않는 영원과 진리를 상징합니다. 인간적인 평화나 화해는 일시적일 수 있으나, 그리스도 안의 평화는 영원합니다.

우리가 소금을 마음에 둔 자로서 서로 화평하게 된다면, 그것은 인간적 감정이나 상황을 넘어서 하나님의 본질적 평화에 참여하는 것입니다. 소금은 영원히 변치 않기에, 소금을 품은 자만이 진정한 평화를 이룰 수 있습니다.

구분	의미	영적 상징
소금	변하지 않음	예수 그리스도의 진리와 생명
화평	관계의 회복	복음을 통한 연합과 용서

시험에 들게 하지 마옵시고: 헬라어 원문과 의미

이제 주기도문 13절입니다. 헬라어 원문으로는 다음과 같습니다.

$$\kappa\grave{\alpha}\grave{\iota}\ \mu\grave{\eta}\ \epsilon\grave{\iota}\sigma\epsilon\nu\acute{\epsilon}\gamma\kappa\eta\varsigma\ \dot{\eta}\mu\hat{\alpha}\varsigma\ \epsilon\grave{\iota}\varsigma\ \pi\epsilon\iota\rho\alpha\sigma\mu\acute{o}\nu$$

직역하면 "우리를 시험 속으로 들이지 마소서"라는 의미입니다. 여기서 '시험'은 헬라어로 '페이라스모스'(πειρασμός)인데, 단순한 유혹이 아니라 '훈련, 연단, 시련'의 의미를 내포하고 있습니다.

하나님은 시험을 주시는 분이 아니십니다. 성경은 하나님은 시험하지 않으시며, 시험받지도 않으신다(약 1:13)고 명확히 말합니다. 그런데 왜 이 기도에서 '시험에 들게 마옵소서'라고 되어 있을까요?

이것은 하나님이 직접 시험을 주신다는 뜻이 아니라, 하나님의 허용 아래 시험의 상황에 들어가는 것을 의미합니다. 실제로 욥기를 보면, 하나님이 욥을 시험하신 것이 아니라, 사탄이 시험하도록 하나님이 허락하셨습니다.

욥기의 해석: 시험과 악에서의 구원

욥기는 이 문제를 깊이 다루고 있습니다. 욥은 의인이었고, 하나님을 경외하며 악에서 떠난 자였습니다. 그런데 사탄은 욥이 하나님을 경외하는 것이 하나님께서 욥의 모든 소유물을 울타리로 보호해 주셨기 때문이라고 주장합니다. 하나님께서 그의 소유와 가족을 모두 거두시면, 욥이 하나님을 저주할 것이라 사단은 말합니다.

하나님은 욥의 생명(נֶפֶשׁ)에는 손대지 말라고 하시며, 그의 소유를 사탄에게 맡기십니다. 이후 욥은 모든 재산과 자녀를 잃고, 끝내는 온몸에 악창이 나게 되지만, 입술로 하나님을 범죄하지 않습니다. 그의 고백은 이렇습니다:

우리가 하나님께 복을 받았은즉 화도 받지 아니하겠느냐(욥 2:10)

구분	내용	신학적 의미
1단계 시험	재산과 자녀 손실	외적 환경의 시험
2단계 시험	육체의 고통	인내와 신앙의 정련
하나님의 명령	생명은 손대지 말라	하나님의 주권과 보호

대속죄일과 아사셀 염소: 죄의 내보냄

유대력 7월 10일, 즉 양력 10월경에 대속죄일(Yom Kippur)이 있습니다. 이 날은 대제사장이 1년에 단 한 번 지성소에 들어가는 날입니다. 이때 두 마리 염소를 준비하는데, 하나는 여호와께 속죄 제물로 바치고, 다른 하나는 아사셀로 광야에 내보냅니다.

첫 번째 염소는 죽여서 피를 속죄소 위와 앞에 뿌리고, 속죄 제사로 드립니다. 이는 예수 그리스도의 피를 상징합니다. 두 번째 염소는 모든 죄를 전가받아 광야로 쫓겨나며, 죄가 공동체에서 떠나갔음을 의미합니다.

염소	처리 방식	예표
제1 염소	제사장에 의해 희생됨	피 흘리심으로 속죄하신 예수님
아사셀 염소	광야로 쫓겨남	죄를 제거하신 예수님의 사역

이 두 염소는 모두 예수 그리스도의 대속 사역을 예표하는 것입니다. 일부 학자들은 아사셀 염소를 부정적으로 보지만, 성경적으로는 모두 그리스도의 사역을 보여주는 상징입니다.

시험은 훈련이다: 페이라조의 의미

페이라조($\pi\epsilon\iota\rho\acute{\alpha}\zeta\omega$)는 '시험하다', '시도하다', '훈련하다'의 의미를 지닙니다. 예수님도 공생애 시작 전 광야에서 마귀에게 시험을 받으셨습니다. 이는 마귀가 하나님의 허락 아래에서 시험한 것으로, 주님의 공생애 사역 시작을 위한 '영적 전투의 시작'이었습니다.

우리도 사명을 따라 살기 시작하면 마귀의 시험이 시작됩니다. 이때 하나님은 시험을 통하여 우리를 재련하십니다. 정금처럼 순수한 믿음으로 세우시기 위해 훈련하시는 것입니다.

개념	설명
시험	단순 유혹이 아니라 신자의 믿음을 세우는 과정
제련	정금처럼 불순물을 제거히는 영직 징화
공생애의 시작	시험과 금식을 통한 사명의 시작

하나님의 허용과 마귀의 시험: 욥기의 법정 장면

욥기 1장과 2장은 천상의 법정 장면을 묘사합니다. 사탄은 욥을 고소하며, 그의 신앙이 하나님의 복 때문이라고 주장합니다. 하나님은 마귀에게 욥을 시험하도록 허락하시되, 그의 생명은 건드리지 못하게 하십니다.

사탄의 이름은 '적대자, 반대자, 대항자'라는 뜻으로, 헬라어로는 '디아볼로스', '비방ㅈ, 고소자, 중상자, 참소자'라는 의미를 가집니다. 마귀는 하나님과 인간 사이를 갈라놓으려 하며, 하나님의 사람들을 법정에서 고소하는 자입니다.

시험을 통한 성숙과 승리

시험을 피하는 것이 항상 최선은 아닙니다. 하나님은 우리가 감당치 못할 시험은 허락하지 않으시며, 시험 당할 즈음에 피할 길도 내십니다(고전 10:13). 그러므로 우리는 시험 속에서도 하나님의 선하신 뜻을 신뢰하며, 연단을 통해 그리스도를 닮아가야 합니다.

예수님처럼, 우리도 때로는 잔이 지나가기를 원하지만, 결국 아버지의 뜻을 이루는 길을 택해야 합니다. 이 시험을 통해 우리는 담대한 믿음의 군사로 세워지며, 정금 같은 믿음을 갖게 됩니다.

욥기 강해: 하나님의 의와 인간의 회개

1. 신정론의 출발점

욥기의 핵심 주제 중 하나는 신정론, 즉 데오디시(Theodicy)입니다. 이는 하나님이 의로운 분이심에도 불구하고 왜 의인이 고난을 당하는지를 질문합니다. 욥기는 이러한 물음을 정면으로 다루며, 의인이라고 여겨지는 욥의 고난을 통해 하나님과 인간 사이의 정의, 고통, 그리고 회개의 문제를 조명합니다.

2. 욥의 정체성: 처음부터 의인이었는가?

욥은 처음부터 의인이었던 것이 아닙니다. 그의 입술에서 나오는 말들, 그리고 친구들과의 논쟁 속에서 드러나는 정체성은 처음부터 완전한 의인이 아니라는 사실을 보여줍니다. 욥은 3장 1절에서 자신의 생일과 삶을 저주합니다. 이는 하나님께서 주신 생명과 날들을 부정하는 행위로, 진정한 의인이라면 할 수 없는 반응입니다.

그 후에 욥이 입을 열어 자기의 생일을 저주하니라(욥 3:1)

3. 욥의 점진적인 원망과 자기의

9장부터 27장까지의 내용에서 욥은 점점 더 하나님을 원망하고, 자신이 의롭다는 주장을 강화해 나갑니다. 특히 13장 18절에서 욥은 자신의 의를 진술하고 있으며, 이는 인간 스스로의 의에 대한 강조입니다.

구절	내용 요약
욥 13:18	나의 의를 내가 진술하노라
욥 27:2	하나님이 내 공의를 배앗으셨다
욥 34:5	나는 의롭다 하나, 하나님이 공의를 제거하셨다

이러한 고백은 하나님보다 자신이 의롭다고 주장하는 위험한 위치로 욥을 이끌었습니다.

4. 엘리후의 등장과 하나님의 진노

32장에서 엘리후가 등장합니다. 그는 욥과 세 친구들의 대화를 듣고 있다가 욥이 스스로를 의롭다 여기며 하나님보다 낫다고 여기는 모습을 지적하며 분노합니다(욥 32:1-2). 엘리후는 욥이 마치 물 마시듯 해방(죄)을 행하며, 악한 자들과 어울려 다닌 사람이라고 평가합니다(욥 34:5-9).

엘리후는 욥기 전반에서 유일하게 하나님으로부터 책망을 받지 않은 인물입니다(욥 42:7-8). 이는 그의 말이 진리에 가까웠음을 보여줍니다.

5. 하나님의 음성: 창조 앞에서 침묵하는 인간

38장에서 드디어 하나님께서 직접 말씀하십니다. 하나님은 욥에게 "내가 이 땅의 기초를 놓을 때 네가 어디 있었느냐"고 질문하십니다. 욥은 이 질문 앞에서 아무 말도 할 수 없습니다.

무지한 말로 이치를 어둡게 하는 자가 누구냐?(욥 38:2)

하나님은 창조의 질서와 자연계를 예로 들며 인간의 한계를 폭로하십니다. 욥은 마침내 자신이 얼마나 무지하고 교만했는지를 깨닫고, 손을 입에 대고 더 이상 말하지 않겠다고 고백합니다.

6. 회개의 고백과 회복의 은혜

42장에서 욥은 회개합니다. 그는 "내가 알지도 못하고 깨닫지도 못한 말을 하였다"고 고백하며, 이제는 귀로만 듣던 하나님을 눈으로 뵈었다고 고백합니다.

내가 주께 대하여 귀로 듣기만 하였사오나 이케는 눈으로 주를 뵈옵나이다(욥 42:5)

그는 티끌과 재 가운데서 회개하였고, 하나님은 그의 회개를 받으시며 이전보다 더 큰 복을 허락하십니다.

7. 욥기 강해의 핵심 교훈

- 하나님의 주권: 의인의 고난은 하나님의 계획과 주권 안에 있으며, 인간은 이를 다 이해할 수 없습니다.

- 자기 의의 위험성: 욥은 의롭다 여겨졌지만, 자신을 스스로 의롭다 한 것은 결국 회개로 나아가는 계기가 됩니다.

- 하나님 앞에서의 겸손: 창조주 앞에서 피조물은 입을 닫아야 할 존재임을 보여줍니다.

- 회개와 회복: 진정한 회개가 있을 때 하나님은 더 큰 은혜로 회복시키십니다.

비판하지 말라

sarki,noij비판을 받지 않으려거든 비판하지 말라(마 7:1)

이 말씀은 단순히 인간 관계의 조언을 넘어서, 하나님 나라의 백성으로서 살아가는 도덕적 기준과 영적 태도를 말합니다. 이 명령은 단지 도덕적 훈계가 아니라, 하나님 나라 백성의 존재 양식이며, 예수님이 선포하신 산상수훈의 윤리적 정점입니다.

헬라어 원어 해석과 구조 분석

- '메 크리네테'(Μὴ κρίνετε): 부정 명령형. '판단하지 말라'.

- '히나 메 크리네테'(ἵνα μὴ κριθῆτε·): 목적을 나타내는 구조. "판단을 받지 않기 위해" 판단하지 말라는 의미.

-크리노(κρίνω): 판단하다, 판결하다, 분별하다. 재판에서 사용되는 법적 용어이기도 하며, 심판의 의미를 포함함.

세 가지 해석의 층위

층위	설명
1. 도덕적	일상에서 타인을 부정적으로 판단하거나 비난하지 말것
2. 교회 공동체 내	성도 간 판단과 송사 문제에 관한 경고
3. 종말론적	최후의 심판은 하나님께 속한 일이라는 선언

이 말씀은 개인의 윤리적 태도를 넘어 교회 공동체의 질서, 그리고 종말론적 의미까지 포괄합니다.

판단의 기준과 그 결과

너희가 비판하는 그 비판으로 너희가 비판을 받을 것이며, 너희가 측량하는 그 척도로 너희도 측량을 받을 것이다(마 7:2)

용어	의미	적용
크리마 (κρίμα)	비판의 도구, 기준	타인에게 적용한 판단 기준이 자신에게 돌아옴
메트론 (μέτρον)	적도, 평가기준	상대를 평가하는 기준이 자신에게도 동일하게 적용됨

예수님은 우리가 다른 사람을 판단할 때 사용하는 기준, 즉 우리 마음의 잣대가 결국 우리 자신을 평가하는 기준이 된다고 경고하십니다.

비유 해석: 티와 들보(마 7:3-5)

요소	의미	영적 교훈
티(지푸라기)	형제의 작은 허물	가볍고 바람에 날릴 수 있는 사소한 죄

| 들보(기둥) | 자신의 심각한 죄 | 집을 지탱하는 굵은 목재처럼 본질적인 문제 |

예수님은 상대방의 작은 허물은 잘 보면서 정작 자신의 큰 문제를 보지 못하는 위선을 지적하십니다.

도코스(δοκός, 들보)의 상징성

- 도코스는 집을 지탱하는 기둥, 즉 개인의 정체성이나 신앙의 구조를 의미함.

- 바리새인들이 말씀 대신 장로의 유전, 구전율법을 들보 삼아 판단했듯, 오늘날 우리도 하나님의 말씀 외의 기준으로 형제를 판단할 수 있습니다.

형제 사랑의 계명으로 본 판단 금지

예수님은 새 계명에서 "서로 사랑하라"고 하셨습니다. 이 사랑은:

- 네 이웃을 네 몸 같이 사랑하는 것이며,

- 서로를 판단히는 것이 아닌, 품고 돌보는 것입니다.

요한서신에서도 형제를 미워하는 자는 살인자요, 그 속에 영생이 없다고 말씀하십니다 (요일 3:15). 따라서 사랑하지 않는 판단은 결국 자기도 심판받는 기준이 됩니다.

오늘날의 적용

- 성도 간의 판단은 사랑의 기준으로 대체되어야 함.

- 교회 안에서도 사람의 유전, 인간의 전통이나 고정관념이 아닌 하나님의 말씀만이 판단의 기준이 되어야 함.

- 형제를 미워하거나 판단하지 말고, 오히려 불쌍히 여기며 회복을 위해 기도하고 섬겨야 함.

결론

비판하지 말라는 주님의 명령은 단순한 금지가 아닌, 하나님 나라 백성이 지녀야 할 내면의 태도와 공동체 내 질서를 위한 깊은 교훈입니다. 판단의 기준은 오직 하나님의 말씀이어야 하며, 그 말씀은 곧 사랑의 계명으로 요약됩니다. 들보를 제거하고, 형제를 사랑하라는 주님의 말씀에 순종하는 삶이 참된 하나님 나라의 백성의 모습입니다.

판단과 심판에 대한 성경적 고찰: 예수님의 교훈과 바울의 가르침

1. 서론

예수님께서 말씀하신 "비판하지 말라"는 명령은 단순한 도덕적 권면이 아니라, 하나님의 공의와 심판에 대한 심오한 신학적 기초 위에 선 말씀입니다. 본 강의에서는 왜 우리가 판단하지 말아야 하는지, 그리고 그 판단의 권한은 누구에게 속해 있는지를 성경 전체의 흐름을 따라 통전적으로 고찰하고자 합니다.

2. 외형적 판단의 위험성(요 7:24)

예수님께서는 유대인들과 바리새인들이 외모를 따라 판단하는 것을 지적하시며, "공의로 판단하라"고 하셨습니다. 이 말씀은 인간의 판단 기준이 외형적이고 육적인 반면, 하나님의 판단은 진리와 성령을 기반으로 한다는 점을 분명히 합니다.

"너희는 외모로 판단하지 말고 공의로운 판단으로 판단하라"는 주님의 말씀은, 인간의 도코스(δοκός)와 자아 기준을 따라 판단하게 될 때 필연적으로 왜곡된 결과에 이를 수밖에 없다는 것을 경고합니다.

기준구분	인간의 판단	하나님의 판단
기준	외모, 육체, 감정	진리, 말씀, 성령
권한	자아 중심적 해석	입법자이신 하나님과 아들 예수님

3. 요한복음에 나타난 판단과 심판의 주체

예수님께서는 요한복음에서 반복적으로 자신이 판단하지 않으며, 오히려 아버지께서 모든 심판을 아들에게 위임하셨다고 밝히십니다.

요 8:15-16: 너희는 육체를 따라 판단하나 나는 아무도 판단하지 아니하노라. 만일 내가 판단할지라도 내 판단은 참되니...

요 5:22, 30: 아버지께서 아무도 심판하지 아니하시고 오직 심판을 다 아들에게 맡기셨다... 나는 들은 대로 심판하노니 내 심판은 의로우니라

요 12:47-48: 내 말을 듣고 지키지 아니하는 자를 내가 심판하지 아니하노라... 나의 한 그 말이 마지막 날에 그를 심판하리라

즉, 주님은 이 땅에 오셔서 구원사역을 이루셨고, 마지막 날에는 그분의 말씀이 곧 심판의 기준이 됩니다. '호 로고스'가 심판의 주체입니다.

내가 말한 그 말이 마지막 날에 그를 심판하리라(요 12:48)

4. 야고보서 4장의 교훈: 판단은 곧 율법을 대신하는 행위

야고보는 4장 11-12절에서 형제를 비방하고 판단하는 자는 결국 율법을 비방하고 판단하는 자라고 지적합니다.

형제를 비방하는 자는 율법을 비방하며 율법을 판단하는 자니, 만일 네가 율법을 판단하면 율법의 준행자가 아니요 재판관이로다

우리의 위치는 율법을 순종하고 지키는 자이지, 그 위에 서서 판단하는 자가 아닙니다. 율법을 주신 이는 오직 하나님이시며, 그분만이 율법을 해석하고 심판하실 수 있는 분입니다. 우리가 형제를 판단할 때, 하나님의 법과 자리를 침범하는 매우 무서운 행위를 하고 있는 것입니다.

5. 고린도전서 2장: 신령한 자의 판단

바울은 고린도전서 2장에서 사람을 세 종류로 나눕니다:

인간의 유형	특성	판단 가능 여부
퓨쉬키코스 (ψυχικὸς)	동물적, 본능적, 감정적	없음
사르키코스 (σαρκίνοις)	육적인 신자, 미성숙 어린아이	제한적
프뉴마티코스 (πνεύματος)	영적, 성숙, 성령 충만	있음(단, 주체는 성령)

'프뉴마티코스', 즉 '영적인 자'는 모든 것을 분별할 수 있으나, 그 또한

자기가 아니라 자기 안에 계신 하나님의 영에 의하여 판단하게 되는 것입니다.

6. 잘못된 판단의 예: 누가복음 19장 문화 비유

누가복음 19장의 문화 비유에서, 한 므나 받은 종은 주인을 '엄격한 분'으로 오해하며, 아무것도 하지 않고 받은 것을 그대로 보관해둡니다. 그는 "당신은 두지 않은 데서 취하고 심지 않은 데서 거두는 분입니다"라고 말하며, 주인을 왜곡하여 판단한 것입니다.

그의 오해는 결국 행동의 부재로 이어졌고, 이는 그가 주인의 존재와 본질을 전혀 알지 못했음을 보여줍니다. 이처럼 잘못된 기준과 판단은 신앙의 본질을 흐리게 하며, 결국 심판의 대상이 되게 합니다.

7. 무익한 말에 대한 심판(마 12:36)

예수님께서는 사람들이 한 무익한 말에 대해서도 심판 날에 계산을 받게 될 것이라고 말씀하십니다.

- 아르고스(ἀργός)는 접두어 'a'(not) 와 '에르곤'(일, 행위)의 합성어로 '일 없는', '효력 없는', '행함이 없는', '쓸모없는 말'을 뜻하며, 이는 속사람의 상태를 그대로 드러냅니다.

- 바리새인들은 겉은 깨끗하였으나, 그들의 말은 탐욕과 악의로 가득 차 있었기에 결국 그 말로 인해 정죄받게 됩니다.

입으로 나오는 말은 속에 있는 기준, 기둥(도코스)에서 나옵니다. 이 기둥이 하나님의 말씀이 아니라 인간의 전통, 명예, 세속적 기준이라면, 그 기준으로 사람을 판단하고 결국 그 기준으로 자기 또한 심판받게 됩니다.

8. 하나님만이 진정한 판단자이심

인간은 타인을 판단할 수 있는 자격이 없습니다. 판단과 심판은 오직 말씀을 주신 하나님과 그 아들에게 속해 있습니다. 우리는 그 말씀을 전달하는 자일 뿐, 판단자도 재판자도 아닙니다.

하나님의 사랑은 우리로 하여금 사랑하게 하고, 하나님의 믿음은 우리로 하여금 믿게 하듯, 하나님의 기준만이 우리로 하여금 바른 분별을 하게 합니다. 이 기준이 없을 때, 우리는 왜곡된 시각으로 타인을 평가하고, 그 결과 심판을 받게 됩니다.

9. 적용과 성찰

- 우리의 마음 속에는 다양한 기준들이 도코스(기둥)로 자리잡고 있습니다. 전통, 명예, 인간적 도덕, 지식, 경험 등이 말씀보다 앞설 때 우리는 틀린 판단을 하게 됩니다.

- 예수님께서는 바리새인들에게 "내 말이 너희 안에 있을 곳이 없다"고 하셨습니다. 이는 이미 그들 속이 다른 기준(구전율법, 조상들의 유전, 가르침, 교훈)으로 가득 차 있었기 때문입니다.

- 하나님의 말씀이 우리의 내면을 지탱하는 기둥이 되어야 합니다. 그럴 때 우리는 바르게 판단할 수 있고, 정죄하지 않게 됩니다.

10. 결론

- 판단과 심판은 단순히 도덕적 문제가 아니라, 하나님의 주권과 법에 대한 신앙의 태도입니다.

- 하나님께서 법을 주셨고, 그 법으로 심판하시는 분도 하나님이십니다.

- 우리는 그 법에 순종하며 살아가는 자, 말씀에 순복하며 사랑을 실천하는
자가 되어야 합니다.

마지막 날에는 말씀이신 호 로고스께서 모든 심판의 주체가 되실 것입니
다.

　"사랑은 판단하지 않으며, 오직 빚만 집니다" – 본 강의의 핵심 요약

21

거룩한 것을 개와 돼지에게 주지말라

주님께서 마태복음 7장 6절에서 하신 말씀은 매우 도전적인 동시에 깊은 분별력을 요구하는 내용입니다. "거룩한 것을 개에게 주지 말며, 너희 진주를 돼지 앞에 던지지 말라"는 말씀 속에는 단순히 금지 명령 이상의 신학적 메시지와 실천적 교훈이 담겨 있습니다. 이 말씀을 통해 우리는 복음 사역에 있어 누구에게나 무조건적으로 접근하기보다, 때로는 거룩한 것을 보존하며 지혜롭게 전해야 함을 배웁니다.

1. 헬라어 원문 주해와 명령형의 의미

이 말씀은 헬라어 원문에서 명령형 동사를 사용하고 있습니다. "Μὴ δῶτε τὸ ἅγιον τοῖς κυσὶν"이라는 표현은 "거룩한 것을 개들에게 주지 말라"는 의미로, Μὴ와 함께 부정명령형이 사용되어 강력한 금지의 의미를 내포하고 있습니다. 이어지는 "μηδὲ βάλητε τοὺς μαργαρίτας ὑμῶν ἔμπροσθεν τῶν χοίρων"은 "너희 진주를 돼지 앞에 던지지 말라"는 뜻으로, 여기서도 동일하게 금지명령형이 사용됩니다. 예수님께서 제자들에게 직접적으로 지시하신 이 명령은, 그 내용이 결코 일시적인 상황적 권면이 아님을 보여줍니다.

여기서 '개'와 '돼지'는 단순한 동물이 아닙니다. 당시 유대인 사회에서 개와 돼지는 부정하고 혐오스러운 존재로 여겨졌습니다. 구약에서도 제사에서 제외된 부정한 동물로 분류되며, 신약에 와서는 복음을 받아들이지 않고 오히려 조롱하고 핍박하는 자들을 상징적으로 표현할 때 사용되었습니다. 주님은 이 비유를 통해 제자들에게 복음을 무분별하게 나누지 말고, 지혜롭고 분별력 있게 사역하라고 경고하신 것입니다.

이 명령은 단지 동물에게 먹이를 주는 이야기가 아니라, 복음의 본질을 다루는 진지한 권면입니다. 거룩한 것, 즉 복음과 하나님의 말씀은 아무에게나 던져질 수 없는, 신중히 전해야 할 귀한 진주입니다. 이 진주를 개나 돼지 앞에 던지게 되면, 그들은 그 진주의 가치를 알지 못한 채 짓밟고, 나아가 그 진주를 전한 이들을 해치는 결과로 이어질 수 있습니다.

이러한 경고는 전도의 분별성과 함께, 복음을 전하는 자의 자세를 가르칩니다. 우리는 복음을 열정적으로 전해야 하지만, 그 열정이 분별 없는 열심으로 이어질 경우, 오히려 복음이 조롱받고, 전도자가 공격받을 수도 있다는 사실을 깊이 인식해야 합니다.

*요약 정리(1) - 헬라어 명령형의 강조

- 거룩한 것과 진주는 헬라어로 각각 '토 하기온',τὸ ἅγιον), '투스 마르가리타스'(τοὺς μαργαρίτας)로 표현됨

- 주다(도테, δῶτε), 던지다(발레테, βάλητε)는 명령형으로 쓰이며 부정 명령 강조

- 개, 돼지는 구약적 부정함과 신약적 비유를 모두 담음

2. 개와 돼지의 상징성과 실천적 해석

예수님께서 말씀하신 '거룩한 것'과 '진주'는 각각 복음, 말씀, 그리스도의 생명과 같이 신성하고 값진 것을 의미합니다. 반면에 개와 돼지는 그 가치를 이해하지 못하고 오히려 해하려는 자들을 지칭합니다. 개는 주는 자를 향해 짖거나 물며 해를 가하고, 돼지는 그 귀한 진주를 밟아버리는 존재입니다. 이는 실제 동물의 습성에 비유하여, 복음을 대하는 사람들의 반응을 비판적으로 드러낸 것입니다.

예를 들어 개는 헬라어로 '퀴온'(κύων)이라 하며, 거리를 배회하는 들개를 가리킬 때 사용되었습니다. 이들은 음식을 주는 사람도 짖고 물며, 그 경계심과 공격성으로 인해 '무분별한 자', '감정적으로 반응하는 자'로 상징되곤 합니다. 돼지(코이로스, χοῖρος) 역시 마찬가지로, 아무리 귀한 것을 주어도 그것이 얼마나 소중한지 모른 채 진흙탕에서 뒹구는 습성으로 인해 '정욕적이고 탐욕적인 존재'를 비유하는 데 사용됩니다.

이러한 상징을 비팅으로 볼 때, 개는 복음의 가치를 무시하고 오히려 전도자를 대적하는 자들을 나타내며, 돼지는 말씀을 받아도 삶으로 결실하지 않고 되레 진리를 짓밟는 자들을 지칭한다고 할 수 있습니다. 이들은 복음을 감정적으로 반응하거나, 세속적 기준으로 판단하며, 궁극적으로는 영생의 기회를 발로 차는 자들입니다.

동물	상징	행동	교훈
개	부정한 자, 공격적 존재	물고 짖음	진리를 모독하며 사역자를 해함
돼지	정욕적, 탐욕적 존재	귀한 것을 짓밟음	귀한 복음을 멸시함

이처럼 예수님의 이 말씀은 단지 동물의 습성을 빗댄 것이 아니라, 복음의 영적 가치를 헤아릴 줄 모르는 자들에 대한 경고입니다. 주님은 우리에게 단지 열심이 아닌 지혜를 요구하십니다. 복음의 진주는 함부로 던져질 수 없는 보배입니다. 그것을 귀히 여기지 않는 이들 앞에 무분별하게 내어놓는 것은, 오히려 그 진주를 모욕하게 하고, 복음의 존엄성을 훼손하게 됩니다.

*요약 정리(2) - 개와 돼지의 영적 상징

- 개는 성경에서 음란, 거짓, 폭력을 상징함 (예: 신 23:18, 시 22:16)

- 돼지는 탐욕과 무지를 대표하며 복음을 짓밟는 자들을 비유함

- 진주는 복음의 본질, 말씀, 예수 그리스도를 상징함

3. 구약과 신약의 예들로 본 개와 돼지

성경 곳곳에는 개와 돼지에 대한 상징이 반복적으로 등장합니다. 신명기 23장 18절에서는 남창의 소득과 창기의 화대를 '개의 소득'이라 지칭하며, 그것을 여호와의 전에 바치지 말라고 강하게 명령합니다. 이는 단순한 도덕적 기준을 넘어, 거룩한 하나님의 전에 결코 받아들여질 수 없는 것에 대한 분명한 경계입니다.

또한 베드로후서 2장 22절은 다음과 같이 말합니다:

개가 그 토한 것을 도로 먹고, 돼지가 씻은 후에 더러운 구덩이에 도로 누웠다

이는 복음을 알았다가 다시 세상으로 돌아가는 자들의 실상을 날카롭게 묘사한 말씀입니다.

*요약 정리(3) - 배도자에 대한 상징

- 구약: 개의 소득은 하나님께 바칠 수 없는 더러운 수입 (신 23:18)

- 신약: 토한 것을 먹는 개, 진흙탕으로 돌아가는 돼지 = 배도자의 표상 (벧후 2:22)

- 복음을 버리고 세상으로 돌아가는 자들은 처음보다 더 악해짐

4. 복음 전파에 있어 분별의 필요성

우리는 개와 돼지가 누구인지 정확히 판단할 수 없습니다. 그러나 복음을 무분별하게 흩뿌리기보다, 기도 가운데 지혜롭게 전해야 하며, 반복적으로 복음을 조롱하고 멸시하는 자들에게는 오히려 복음의 가치를 지키기 위해 침묵할 줄도 알아야 합니다.

요한일서와 베드로후서에는 복음을 들었으나 중도에 회당으로 돌아간 자들, 혹은 거짓 교사들의 말을 듣고 배도한 자들이 등장합니다. 이들은 단순한 실수자가 아니라, 오히려 형제들을 핍박하고 복음을 훼손하는 자로 등장합니다. 주님께서는 이들을 향해 "거룩한 것을 주지 말라"고 단호히 경고하신 것입니다.

* 요약 정리(4) - 전도의 분별

- 복음은 누구에게나 전해야 하지만, 반복적으로 조롱하는 자들에겐 분별 필요

- 거룩한 것을 지키는 것도 복음을 위한 사역임

- 분별은 판단이 아니라, 말씀을 귀히 여기는 경건의 태도임

5. 적용과 결론

예수님의 이 말씀은 단순한 충고가 아닙니다. 이는 복음 사역자 모두에게 주어진 실제적이고 신학적인 원리입니다. 우리는 이 말씀을 통해 두 가지 교훈을 얻습니다. 첫째, 복음을 전함에 있어서 경건과 두려움으로 임해야 한다는 것.합니다. 둘째, 반복적으로 복음을 조롱하고 멸시하는 자들에 대해서는 하나님의 분별을 구하며 지혜롭게 행동해야 한다는 것입니다.

* 요약 정리(5) - 전체 메시지 요약

- 복음은 거룩한 진주이며, 누구에게나 전하되 함부로 다뤄서는 안 됨

- 개와 돼지는 복음을 모독하고 짓밟는 자들의 상징

- 사역자는 열심보다 분별로 복음을 전해야 하며, 때로는 말하지 않는 것이 지혜

다른 예수, 다른 영, 그리고 참된 분별

우리는 이미 이 본문을 한 차례 살펴보았지만, 오늘 다시금 깊이 묵상해 보려 합니다. 당시 고린도 교회 안에는 여전히 말씀 위에 바로 서지 못한 이들이 있었습니다. 비록 그리스도께 돌아왔지만 영적으로 어린아이인 이들은 쉽게 미혹되고 넘어질 수 있었고, 장성한 믿음에 이르지 못한 자들은 거짓 교사들의 영향을 그대로 받았습니다.

사도 바울은 이러한 상황을 개탄하며, 거짓 교사들이 교회 안에 들어와

‘다른 예수’, ‘다른 영’, ‘다른 복음’을 전한다고 말합니다. 문제는 그들이 전하는 예수가 단순히 이름만 같은 것이 아니라, 본질적으로 완전히 다른 예수라는 것입니다. 마태복음 7장에서 주의 이름으로 귀신을 쫓고 말씀을 전하였으나 주님께서 “불법을 행하는 자들아, 내가 너희를 도무지 알지 못한다”고 하신 바로 그 자들이 이 경우에 해당합니다. 이름은 같으나 본질은 다른 예수를 전하고 있었던 것입니다.

고린도후서 11장 4절에는 사도 바울이 이렇게 말합니다:

만일 누가 가서 우리가 컨파하지 아니한 다른 예수를 컨파하거나 너희가 받지 아니한 다른 영을 받게 하거나, 너희가 받지 아니한 다른 복음을 컨하면 너희가 잘 용납하는구나

여기서 ‘다른’이라는 표현은 헬라어로 두 가지가 사용됩니다. 하나는

구분	헬라어	의미	예시
동질적 차이	알로스	같은 종류의 다른 것	알로스 파라클레토스 (다른 보혜사 성령)
본질적 차이	헤테로스	전혀 다른 본질	헤테로스 프뉴마(다른 영), 헤테로스 유앙겔리온(다른 복음)

바울이 경고한 것은 단지 이름만 예수요, 영이라 부르지만 본질상 전혀 다른 실체라는 점입니다. 사탄은 결코 “내가 사탄이다”라고 스스로를 드러내지 않습니다. 마귀는 자신을 빛의 천사로 가장하며, 그의 영도 거룩한 영인 양 포장합니다. 이 거짓 교사들은 교회 안에 침투하여 사람들로 하여금 교묘하게 다른 예수와 다른 복음을 받아들이게 합니다. 이들은 진리의 영 대신, 미혹의 영을 주입하는 자들입니다.

도케티즘과 영지주의의 다른 예수

초대교회 당시의 대표적 이단 사상 중 하나는 '도케티즘(Docetism, 가현설)'입니다. 이들은 예수께서 실제로 육신을 입고 오신 것이 아니라, 육신을 입은 것처럼 '보였을 뿐'이라고 주장했습니다. 여기서 쓰인 헬라어 동사 '도케오'($\delta o\kappa \epsilon \omega$)는 '~처럼 보이다, 추정하다'라는 뜻입니다.

그들은 예수를 믿는다고 말하지만, 그 실체는 전혀 다른 예수입니다. 이는 오늘날에도 동일하게 나타나는 미혹의 방식입니다. 예수님의 이름을 사용하지만, 실제로는 복음의 본질과 영광을 훼손하고, 성육신의 진리를 부정하는 것입니다.

다른 복음과 사탄의 메시지

사도 바울이 말하는 '다른 복음(헤테론 유앙겔리온)'은 단순한 이단적 해석이 아닙니다. 그것은 사탄이 주는 메시지입니다. 요한계시록에 보면 용이 짐승에게, 짐승이 거짓 선지자에게 입을 주어 하나님을 모독하는 말을 하게 하고, 거짓 선지자의 입에서도 개구리 같은 더러운 영이 나온다고 말합니다. 즉, 말과 복음도 영을 담고 있으며, 그것이 사탄의 영을 담고 있는 경우가 있다는 것입니다.

올바른 분별의 중요성

예수님은 "'살리는 것은 영이니 육은 무익하니라 내가 너희에게 이르는 말이 영이요 생명이라"(요 6:63)고 하셨습니다. 그러므로 우리는 복음을 듣고 분별해야 합니다. 단순히 "예수"라는 이름이 언급되었다고 해서 다 진리가 아닙니다. 말씀이 생명인지, 그 안에 있는 영이 진리의 영인지 철

저히 분별해야 합니다. 성도는 늘 말씀으로 무장하고, 영을 분별할 수 있
는 지혜를 가져야 합니다.

구하라, 찾으라, 두드리라 – 가장 좋은 것을 주시는 하나님

마태복음 7장 7-11절에서 예수님은 우리에게 구하라고 명하십니다.

> **구하라, 그리하면 너희에게 주실 것이요, 찾으라, 그리하면 찾아낼 것이요, 문을 두드리라, 그리하면 너희에게 열릴 것이니...**

여기서 중요한 점은, 단순히 물질적인 복을 구하는 것이 아니라 가장 본질적이고 생명에 직결된 것을 구하라는 것입니다.

예수님은 구체적인 예로 자녀가 떡과 생선을 구할 때, 부모가 돌이나 뱀을 주지 않는다고 말씀하십니다. 이는 당시 팔레스타인의 가난한 대중들이 주로 먹던 주식이 보리빵(떡)과 생선이었기 때문입니다. 생존을 위한 최소한의 필수품을 구하는 자녀에게 부모는 반드시 좋은 것을 줍니다.

하물며 하늘에 계신 아버지께서 그를(αὐτόν; 번역안됨) 구하는 자에게 가장 좋은 것, 곧 그를 주시지 않겠느냐 하시는 말씀은 누가복음 11장 13절에서 더욱 분명히 드러납니다. 즉 그를 구하는 자에게 그(성령)를 주십니다.

> **너희가 악할지라도 자녀에게 좋은 것을 줄 줄 알거든, 하물며 하늘 아버지께서 그를(αὐτόν) 구하는 자에게 성령을 주시지 않겠느냐**

성령 – 가장 좋은 것

성령 하나님은 우리에게 그리스도를 알게 하시고, 믿음을 주시며, 구속의 은혜를 깨닫게 하시는 분입니다. 예수님의 구속 사역을 실제로 우리 안에 적용하시는 분이 성령입니다. 그러므로 참으로 우리가 구해야 할 가장 좋은 선물은 바로 성령 하나님이십니다.

구분	사역	역할
성부 하나님	창조	창세 전부터 계획하신 구원섭리의 원천
성자 예수님	구속	십자가와 부활을 통한 구속사역 완수
성령 하나님	적용	그리스도의 구속을 개인에게 실제로 적용

프토코스 – 성령께 구하는 자

$$\text{οἱ πτωχοὶ τῷ πνεύματι}$$

마태복음 5장 3절, "심령이 가난한 자"는 헬라어로 '호이 프토코이 토 프뉴마티'입니다. 여기서 '프토코스'(πτωχός)는 단순히 가난하다는 뜻이 아니라, 완전히 무소유하여 구걸하는 자를 의미합니다. 그리고 '프뉴마티'는 여격의 '관사'와 함께 쓰여, 여격의 '성령'을 가리킵니다. 즉, 원래 의미는 성령께 구걸하는 자는 복이 있나니라는 뜻입니다. 왜 복이 있습니까? 하나님의 나라가 그들의 것이기 때문입니다. 우리는 성령께 구해야 합니다. 성령을 통해서만 예수 그리스도의 복음과 진리를 온전히 깨달을 수 있습니다. 성령께서 조명하시지 않으면, 이 성경은 그저 인간의 책에 불과할 것입니다. 그러나 성령의 조명으로 인해 우리는 이 말씀이 생명의 말씀임을 알고, 예수 그리스도의 말씀과 사역을 참되게 영접하게 됩니다.

가장 좋은 것을 구하는 자에게 주시는 성령

너희가 악한 자라도 자식에게 좋은 것을 줄 줄 알거든, 하물며 하늘에 계신 너희 아버지께서 그를 구하는 자에게 좋은 것을 주시지 않겠느냐(마 7:11)

여기에서 핵심은 '좋은 것'을 주시는 하나님의 본성입니다. 헬라어 원문을 보면, '좋은 것'은 'ἀγαθὰ(아가타)'인데, 이는 '선한 것, 유익한 것, 아름다운 것'을 의미합니다. 특히 '디도미(δίδωμι)'는 '주시다'라는 미래 직설법으로, 반드시 이루어질 약속을 나타냅니다.

이 구절은 단순히 부모가 자식에게 선물을 주는 자연스러운 현상을 비유 삼아, 하나님 아버지의 성품을 강조합니다. 악한 자라도 자식에게 좋은 것을 줄 줄 안다면, 하늘 아버지는 구하는 자에게 얼마나 더 좋은 것을 주시겠는가, 하는 논증입니다. 여기서 '포소 말론(πόσῳ μᾶλλον)'이라는 비교급 표현이 사용되어, '얼마나 더욱 더 많이'라는 뜻을 강조합니다.

헬라어 문장을 하나씩 분석해 보면 다음과 같습니다:

헬라어 표현	해석	문법적 특징
ὁ πατὴρ ὑμῶν ὁ ἐν τοῖς οὐρανοῖς	하늘에 계신 너희 아버지	관사+명사+관계절 구조로, 하나님 아버지를 지칭
δώσει ἀγαθὰ	좋은 것들을 주실 것이다	'디도미'의 미래형, 약속의 의미
τοῖς αἰτοῦσιν αὐτόν	그를 구하는 자들에게	현재 분사 + 인칭대명사 (목적어) 구조

이 말씀은 누가복음 11장 13절의 병행구절과 비교해보면 의미가 더욱 분명해집니다. 누가는 마태가 '좋은 것'이라고 표현한 그 내용을 보다 명확히 '성령'이라고 밝혀줍니다:

하물며 너희 하늘 아버지께서 그를 구하는 자에게 성령을 주시지 않겠느냐(눅 11:13)

병행 구절 비교	표현	내용
마 7:11	아가타(좋은 것들)	일반적인 복, 은혜
눅 11:13	프뉴마 하기온(성령)	구체적이고 궁극적인 선물

이처럼 성령은 단순히 좋은 것이 아니라, 하나님이 주실 수 있는 가장 좋은 것입니다. 여기서 우리가 주목해야 할 표현이 바로 τοῖς αἰτοῦσιν αὐτόν 즉 '그를 구하는 자들에게'입니다. 이는 단순한 요청이 아닌, 지속적이고 간절한 구함을 나타내는 현재 분사형입니다. 다시 말해, 하나님 자신, 즉 성령 하나님을 갈망하며 찾는 자들에게 주시는 복이라는 뜻입니다.

누가복음 11장 13절은 다음과 같은 헬라어 구조를 가지고 있습니다:

εἰ οὖν ὑμεῖς πονηροὶ ὑπάρχοντες οἴδατε δόματα ἀγαθὰ

διδόναι τοῖς τέκνοις ὑμῶν, πόσῳ μᾶλλον ὁ πατὴρ ἐξ οὐρανοῦ δώσει πνεῦμα ἅγιον τοῖς αἰτοῦσιν αὐτόν

여기서 'δώσει'는 미래형으로, 아버지께서 장차 반드시 주실 것을 나타냅니다. 그리고 주시는 대상은 '프뉴마 하기온', 즉 '성령'입니다. 결국, 좋은 것의 실체가 성령이며, 성령이 곧 하나님의 가장 귀한 선물입니다.

성령은 성부 하나님의 창조 사역, 성자 하나님의 구속 사역을 우리에게 '적용'하시는 분입니다. 우리가 예수님을 믿을 수 있는 것도, 십자가 사건을 내 사건으로 받아들일 수 있는 것도, 모두 성령께서 그것을 우리에게 믿어지게 하시기 때문입니다. 성령 없이 그리스도를 믿는다는 것은 불가능한 일입니다.

이 진리를 설명하기 위해 강해자는 다양한 비유를 듭니다. 예를 들어, 거미가 새끼에게 자신의 몸을 먹게 하는 희생을 언급하며, 아무리 미물이라도 자식에게 최선을 다해주는데, 하나님께서 당신의 자녀된 우리에게 성령을 주시지 않겠느냐는 것입니다.

구약 성경 이사야 44장 3절은 다음과 같이 성령을 물로 비유합니다:

내가 목마른 자에게 물을 주며 마른 땅에 시냇물을 주고, 내 영을 네 자손에게, 내 복을 네 후손에게 부어주리니

이 구절은 병행구조를 통해 다음과 같은 대조를 이룹니다:

대상	상징	실제 의미
목마른 자	물	성령

마른 땅	시냇물	성령의 역사
자손/후손	영/복	성령 그 자체

결국, 성령이 곧 물이며 복입니다. 성령은 하나님의 영이며 동시에 하나님의 복이며, 이것을 받는 자는 '복 있는 자'(복자)입니다.

그렇다면 복 있는 자란 누구입니까? 마태복음 5장 3절에서는 이를 다음과 같이 설명합니다:

심령이 가난한 자는 복이 있나니 천국이 그들의 것임이요

헬라어로는 'Μακάριοι οἱ πτωχοὶ τῷ πνεύματι'인데, 이는 '성령 앞에서(에게) 구걸하는(구하는) 자'로 해석할 수 있습니다. 즉, 자기 안에 아무것도 없음을 인정하고, 전적으로 하나님께 의지하며 성령을 간절히 구하는 자가 복 있는 자입니다.

복의 본질은 '하나님의 통치'입니다. '하늘나라'는 단순한 장소가 아니라, 하나님이 다스리시는 왕국이며, 그 통치가 임한 자에게 주어지는 실체입니다. 하나님 나라가 '그들의 것'이 된다는 것은, 하나님께서 그들을 자신의 소유로 삼으시고 직접 다스리신다는 의미입니다.

이 개념은 출애굽기 19장 5-6절에서도 드러납니다. 하나님은 이스라엘 백성에게 "너희가 내 말을 잘 듣고 내 언약을 지키면, 너희는 모든 민족 중에서 내 소유가 되겠고 너희가 내게 대하여 제사장 나라가 되며 거룩한 백성이 되리라"고 말씀하십니다. 이때 '소유'는 히브리어로 '세굴라'이며, '특별한 보물'이라는 뜻입니다.

신약의 베드로전서 2장 9절에서도 이 개념이 반복됩니다:

너희는 택하신 족속이요, 왕 같은 제사장들이요, 거룩한 나라요, 그의 소유된 백성이니

이 모든 영적 특권은 성령을 통해 우리에게 실제가 됩니다. 그러므로 성령을 구하는 자는 복된 자이며, 하나님의 통치와 주권 아래 사는 자입니다.

잠언 8장과 목회자의 이해 한계

목회자들과 자문 8장을 함께 나누었는데, 대부분 어렵다고 말했습니다. 특히 '호크마', 곧 지혜에 대한 개념이 어려웠던 것입니다. 그러나 제게는 너무도 흥미로운 본문이었습니다. 이와 같은 차이는 결국 '이해력'과 '연속성'의 문제입니다. 목회자라 할지라도 일주일에 한 번 정도 원문을 훑는 것으로는 연결되지 않습니다.

오히려 여러분이 더 열심히 할 수 있습니다. 시간석 여유가 있는 지금, 성경 원문을 깊이 있게 연구하며 실력을 키워가십시오. 자부심을 가지십시오.

마태복음 7장 12절 원문 해설

Πάντα οὖν ὅσα ἐὰν θέλητε ἵνα ποιῶσιν ὑμῖν οἱ ἄνθρωποι, οὕτως καὶ ὑμεῖς ποιεῖτε αὐτοῖς· οὗτος γάρ ἐστιν ὁ νόμος καὶ οἱ προφῆταϊ

그러므로 무엇이든지 남에게 대접을 받고자 하는 대로 너희도 남을 대접하라 이것이 율법이요 선지자니라(마 7:12)

이 말씀의 헬라어 구조는 논리적으로 매우 정교합니다. 우선 접속사 "운(οὖν)"은 문장의 두 번째 위치에 있지만 해석상 가장 먼저 처리해야 합니다. '그러므로'라는 말이 문장의 연결을 명확히 합니다.

본문의 핵심은 '대접'이라는 번역에서 오해가 생기는 것입니다. 원어적으로는 '행하다'를 뜻하는 '포이에오'(ποιέω)라는 단어가 사용되었습니다. 이는 물질을 나누는 행위보다도 더 깊은, 생명을 전하는 행위를 가리킵니다.

가장 좋은 것, 곧 성령을 주는 행위

마태복음 7장 11절과 12절은 연결되어 있습니다. 우리가 아버지께 '가장 좋은 것'을 구하고 받기를 원하듯이, 이웃에게도 같은 가장 좋은 것을 행하라는 것입니다. 여기서 말하는 '가장 좋은 것'은 바로 성령, 곧 영원한 생명이신 분입니다.

너희가 악할지라도 자식에게 좋은 것으로 줄 줄 알거든 하물며 하늘에 계신 너희 아버지께서 구하는 자에게 성령을 주시지 않겠느냐?(눅 11:13)

따라서 12절에서 예수님은 단순히 윤리적인 '대접'을 말한 것이 아니라, 사랑과 성령을 나누는 생명의 실천을 명하신 것입니다. 이것이 율법과 선지자의 요약이며, 곧 구약 전체의 대강령입니다.

율법과 선지자: 사랑과 생명의 요약

예수님께서 마태복음 22장에서 주신 두 계명, 하나님 사랑과 이웃 사랑, 이 두 계명에 율법과 선지자가 모두 매달려 있다($\kappa\rho\epsilon\mu\acute{\alpha}\nu\nu\upsilon\mu\iota$)고 말씀하셨습니다.

이 두 계명이 온 율법과 선지자의 강령이니라(마 22:40)

사랑이란 무엇입니까? 가장 귀한 것, 곧 생명을 나누는 것입니다. 사랑은 단순한 감정이 아니라, 자기를 희생하여 생명을 전하는 행위입니다. 이것이 성령을 주는 일이며, 율법의 완성입니다.

성구	요지
롬 13:9-10	사랑은 율법의 완성이다
요일 3:16-18	형제를 사랑하는 자는 생명을 가진 자
요 6장	예수님은 생명의 떡, 이를 먹고 마시는 자가 영생 얻음

생명을 나누는 삶: 진정한 섬김과 대접

마가복음 10장에서 예수님은 자신이 섬김을 받으려 온 것이 아니라 섬기려 오셨다고 하십니다. 그 섬김은 제자들의 발을 씻기고, 결국 자기 생명을 주는 섬김이었습니다. 그러므로 우리가 누군가를 대접하고 섬길 때, 단지 육적인 도움을 넘어서 영원한 생명을 나누는 일이 되어야 합니다.

요약 정리

핵심 내용	설명
대접의 의미	'행하다'로 단순한 물질적 대접이 아니라 생명을 전하는 실천

가장 좋은 것	성령, 곧 영원한 생명
율법과 선지자의 핵심	사랑이며, 그 사랑은 생명을 나누는 것
참된 섬김과 대접	예수의 섬김처럼 생명을 주는 것
율법의 완성	사랑을 실천함으로, 모든 계명이 이 사랑에 매달려 있음

23

좁은 길 넓은 길
(마 7:13-14)

¹³좁은 문으로 들어가라 멸망으로 인도하는 문은 크고 그 길이 넓어 그리로 들어가는 자가 많고 ¹⁴생명으로 인도하는 문은 좁고 길이 협착하여 찾는 자가 적음이라

헬라어 본문과 말씀 이해

마태복음 7장 13-14절의 말씀을 중심으로, 좁은 문과 넓은 문이라는 예수님의 중요한 비유를 깊이 있게 살펴보려 합니다. 이 말씀은 단순한 명령이나 권면이 아니라, 생명과 멸망이라는 극단적으로 상반된 결과를 가져오는 신앙의 목적과 방향성에 대한 가르침입니다. 그 본문을 헬라어 원문과 함께 천천히 분석하며 이해의 지평을 넓히고자 합니다.

좁은 문과 넓은 문 – 헬라어 분석으로 보는 영적 의미

Εἰσέλθατε διὰ τῆς στενῆς πύλης· ὅτι πλατεῖα ἡ πύλη καὶ εὐρύχωρος ἡ ὁδὸς ἡ ἀπάγουσα εἰς τὴν ἀπώλειαν καὶ πολλοί εἰσιν οἱ εἰσερχόμενοι δι᾽ αὐτῆς·

예수님께서 명령하십니다:

$$\text{Εἰσέλθατε διὰ τῆς στενῆς πύλης·}$$

너희는 좁은 문으로 들어가라

이 말씀에서 문(퓔레, πύλη)과 길(호도스, ὁδὸς)은 단수형으로 함께 묶여, 하나의 개념으로 이해됩니다. 예수님은 요한복음 10장에서 "나는 양의 문이다", 요한복음 14장에서는 '내가 곧 길이다'라고 하셨습니다.

반대로, 폭이 넓은 문은 '플라테이아 헤 퓔레'(πλατεῖα ἡ πύλη), 넓은 길은 '유뤼코로스 호도스'(εὐρύχωρος ἡ ὁδὸς)로 표현됩니다. 이 표현들은 인공적이며, 바리새인들의 인간적 교훈(가르침)이나 종교적 전통을 상징합니다.

[핵심요약표]

구절 의미	해석
좁은 문	협착하고 고난이 따르는 문
넓은 문	누구나 쉽게 들어가는 문, 멸망의 길
길	인생이 방향성, 신앙 여정
인도하다	목적지(멸망/생명)로 이끄는 방식
발견하다	좁은 문을 찾아가는 소수의 자들

좁은 문과 고난의 길

좁은 문으로 향하는 길은 "θλίβω"(들리보)라는 단어로 설명되며, '눌리다, 압박받다, 고통을 받다'는 의미를 담고 있습니다. 이 길은 현재 완료 수동태로 쓰여, '지정된 고난의 길'임을 강조합니다.

사도 바울도 고린도후서 4장 8-9절에서 이렇게 고백합니다:

우리가 사방으로 우겨쌈을 당하여도 싸이지 아니하며, 답답한 일을 당하여도 낙심하지 아니하며..

이처럼 좁은 문은 단순히 물리적으로 좁은 문이 아니라, 믿음으로 인한 고난과 환난이 예정된 삶을 뜻합니다.

좁은 길을 발견하는 자는 적다

본문에서는 다음과 같이 기록되어 있습니다:

$$\mathrm{ὀλίγοι\ εἰσὶν\ οἱ\ εὑρίσκοντες\ αὐτήν.}$$

그것을 발견하는 자는 적으니라

이는 단순한 수적 개념이 아니라, 진리를 따라가는 자의 희귀성을 드러냅니다. '적다'라고 번역된 헬라어 '올리고스'(ὀλίγος)는 '아주 적은, 거의 없는, 소수의'라는 뜻입니다. 따라서 믿음은 대다수의 동조가 아니라, 진리에 대한 단독 선택임을 보여줍니다.

오늘날 교훈과 적용

오늘날에도 바리새인들과 같은 전통적 신앙 체계는 여전히 존재하며, 윤리적이고 도덕적인 종교성은 넓은 문과 다름없습니다. 예수님께 나아온 부자 청년은 율법을 잘 지켰다고 말하지만, 자기 소유를 버리지 못하고 근심하며 돌아갑니다. 그에게 주님은 하늘의 보화를 약속하셨지만, 그는 땅의 소유를 선택합니다.

우리에게도 여전히 주님의 초청은 유효합니다. 좁은 문으로 들어오라는 초청은 오늘도 반복되고 있습니다.

결론 – 생명으로 인도하는 유일한 길

좁은 문과 좁은 길은 단순한 비유가 아니라, 실제적 신앙의 여정입니다. 이 길은 고난과 자기 부인을 요구하지만, 예수 그리스도만이 생명으로 인도하는 유일한 문이십니다.

*핵심 요약

- 문과 길은 단수이며, 말씀이신 예수 그리스도를 상징함

- 넓은 길은 사람의 종교성과 교훈, 전통을 뜻함

- 좁은 길은 고난, 핍박, 자기부인을 수반함

- 좁은 문으로 가는 자는 소수(거의없는)이나, 그 길은 생명임

마태복음 7:13-14 말씀

"좁은 문으로 들어가라. 멸망으로 인도하는 문은 크고 그 길이 넓어 그리로 들어가는 자가 많고, 생명으로 인도하는 문은 좁고 길이 협착하여 찾는 이가 적음이라"

좁은 문이란 무엇인가?

예수님께서 말씀하신 좁은 문은 왜 좁은 것일까요? 헬라어 '스테노스(στενός)'는 어떤 장애물이나 막힘으로 인해 공간이 좁아진 상태를 뜻합니다. 즉, '좁은 문'은 단순히 폭이 좁은 문이 아니라, 장애물 때문에 막혀 있는 문입니다. 우리가 천국에 들어가는 길은 단순히 결심이나 열심으로는 해결되지 않으며, 가로막고 있는 장애물들을 바르게 통과해야만 가능합니다.

이 장애물은 종종 우리의 신앙에 대한 오해, 거짓 복음, 잘못된 예수 인식입니다. 즉, 우리가 믿고 따르는 예수가 진짜 예수님이 아닐 수 있다는 무서운 현실이 여기에 놓여 있습니다.

다른 예수와 불법의 실체

우리가 주님의 이름으로 복음을 전하고 병을 고치며 귀신을 쫓아낸다 할지라도, 마지막 날에 주님께서 "나는 너희를 도무지 알지 못하노라" 하신다면 그것은 진짜 예수를 따르지 않았다는 의미입니다. 이는 마태복음 7장 21~23절에서 예수님이 하신 경고입니다.

"다른 예수, 다른 영, 다른 복음"(고후 11:4)은 우리가 충분히 경계해야 할 개념입니다. 많은 거짓 선지자들이 예수님의 이름을 사용하지만, 하나님께서 보내신 적도 없고 말씀을 주신 적도 없는 자들입니다(렘 14:14-16).

이러한 현상은 오늘날에도 그대로 존재합니다. 예수님의 이름은 사용되지만, 그 내용은 완전히 다른 메시지를 담고 있을 수 있습니다. 바로 여기에 걸림돌이 있습니다.

예수님은 걸림돌인가, 반석인가?

성경은 예수님을 "부딪히는 돌", "걸림돌", "스캔달론(장애물, 함정, 덫)"로 표현합니다. 이사야서에 따르면 하나님께서는 시온에 걸림돌과 부딪히는 반석을 두셨습니다. 그 반석은 바로 그리스도이십니다. 이 반석에 부딪혀 넘어지는 자는 가루가 되듯 산산조각이 납니다. 로마서 9장 33절은 이를 인용하여 "그를 믿는 자는 수치를 당하지 아니하리라"고 선언합니다.

이 반석은 믿는 자에게는 구원의 기초와 본질이 되지만, 믿지 않는 자에게는 부딪혀 실족하는 대상이 됩니다.

상징	의미	대표구절
돌(부딪힘)	믿지 않는 자의 실족 원인	사 8:14, 롬 9:33
반석(구원)	믿는 자의 영적 기초	고전 10:4, 벧전 2:6-8

유대인과 헬라인에게 예수가 걸림돌이 된 이유

고린도전서 1장 23절에서는 유대인들에게 예수 그리스도는 스캔달론, 즉 장애물이 되며, 헬라인들에게는 미련하게 여겨진다고 기록합니다.

우리는 십자가에 못박힌 그리스도를 전하니 유대인에게는 거리끼는 것이요, 이방인에게는 미련한 것이로되...

유대인들은 전통과 구전 율법에 근거하여 메시아를 기다리고 있었고,

헬라인들은 철학적 지혜를 추구했기에 예수님의 십자가 복음은 그들에게 걸림돌이었습니다.

유대인들은 표적을, 헬라인들은 지혜를 구했습니다. 유대인들은 메시아가 와서 정치적 해방과 영광을 주리라 기대했기에 십자가에 달린 예수는 받아들일 수 없었습니다. 헬라인들은 철학적 이성과 논리를 추구했기에, 예수님의 자기 희생은 비합리적이고 무가치한 것으로 보였습니다.

예수님의 말씀에 실족한 제자들

요한복음 6장에서 예수님께서 "내 살을 먹고 내 피를 마시라"고 말씀하실 때, 많은 제자들이 충격을 받습니다. 그들은 "이 말씀은 어렵도다. 누가 들을 수 있느냐"며 수군거리고 결국 예수님을 떠납니다. 심지어 예수님이 친히 부르신 제자들조차도 이 말씀을 이해하지 못해 실족합니다.

예수님은 직접 말씀하십니다:

이 말이 너희를 실족하게 하느냐?(요 6:61)

그분의 말씀은 곧 영이며 생명입니다(요 6:63). 그러나 육에 속한 자들, 즉 겉으로만 신앙 생활을 하는 자들은 그 깊이를 깨닫지 못하고 오히려 그 말씀에 넘어집니다.

바리새인과 고향 사람들의 실족

마태복음 15장에서는 예수님의 말씀에 바리새인들이 실족합니다. 예수님은 사람을 더럽게 하는 것은 입으로 들어가는 음식이 아니라 입에서 나오는 말이라고 하셨습니다. 바리새인들은 이 말씀을 이해하지 못하고 넘어집니다. 즉 자신들이 가르치고 가르쳐왔던 교훈(가르침)이 사람을 더럽게 한다는 사실을 전혀 알지 못했던 것입니다.

또한, 마태복음 13장에서는 예수님께서 고향 나사렛에서 말씀을 전하시자 동네 사람들은 그분을 요셉의 아들이라고 여기며 무시하고 실족합니다. 예수님의 말씀은 그들에게 인간적인 것으로 여겨졌고, 선지자로서의 권위를 인정받지 못했습니다. 즉 나사렛 사람들은 예수님이 바로 자신들의 조상인 아브라함과 이삭과 야곱의 하나님이 보내신 그리스도(메시야)이신 줄을 알지 못했던 것입니다.

실족하지 않는 자의 복

예수님께서는 마태복음 11장 6절에서 이렇게 말씀하십니다:

누구든지 나로 말미암아 실족하지 아니하는 자는 복이 있도다

그러나 마태복음 26장 31절에서는 다음과 같이 경고하십니다:

오늘 밤 너희가 다 나로 말미암아 실족하리라

심지어 베드로조차도 "나는 절대 주님 때문에 실족하지 않겠습니다"라고 장담했지만, 결국 세 번 주님을 부인합니다. 이는 실족이 인간의 의지나 열심만으로 막을 수 없는 것임을 보여줍니다.

[실족의 사례와 원인]

인물	실족 원인	결과
유대인	율법주의와 메시아 오해	예수를 거절
헬라인	철학적 지혜 추구	복음을 미련하게 여김
많은 제자들	말씀의 난해함(요 6장)	예수님을 떠남
바리새인	입에서 나오는 말씀의 본질 오해	분노와 배척
고향 사람들	예수님의 인간적 배경에 대한 편견	선지자로 인정하지 않음
베드로	자만과 믿음의 부족	예수님 세번 부인

결론: 실족을 피하려면

예수님은 믿는 자에게는 생명의 반석이지만, 믿지 않는 자에게는 실족의 돌이 되십니다. 따라서 우리는 다음과 같은 태도로 말씀을 대해야 합니다:

1. 말씀을 깊이 묵상하고, 본질을 깨닫는 훈련이 필요합니다.

2. 나의 신앙이 진짜 예수를 향하고 있는지 점검해야 합니다.

3. 감정이나 환경이 아닌 진리 위에 믿음을 세워야 합니다.

4. 반복적으로 나타나는 실족의 원인을 말씀으로 분별해야 합니다.

하나님의 말씀은 살았고 운동력이 있으며(히 4:12), 인간의 심령 깊숙한 곳까지 찔러 쪼갭니다. 그 말씀 앞에 겸손히 서는 자는 실족하지 않으며, 오히려 그 말씀을 통해 반석 위에 견고히 서게 됩니다.

좁은 문과 넓은 문: 그 교훈과 경고

좁은 문과 넓은 문은 단순한 선택의 문제가 아닙니다. 예수님께서는 이 두 문을 두고 분명히 생명과 멸망이라는 극단적인 결과를 말씀하셨습니다. 좁은 문은 주님의 말씀, 즉 그분 자신이 길이요 진리요 생명이라는 선포를 따르는 길이며, 넓은 문은 사람들의 전통, 바리새인들의 가르침, 인간의 교훈으로 가득 찬 길입니다. 결국 이 문은 하나님 아버지께 이르는 문이 아니라, 다른 문, 곧 멸망으로 향하는 길입니다.

예수님 당시 바리새인들과 서기관들은 자신들의 전통과 유전을 통해 성경을 가르쳤습니다. 그들은 스스로 하나님의 말씀을 가르친다고 확신했지만, 실상은 하나님의 계명을 인간의 유전으로 바꾸어 놓은 자들이었습니다. 이들의 가르침에는 진리가 없고, 그리스도가 보이지 않으며, 인간적인 도덕과 윤리, 듣기 좋은 말만이 남아 있었습니다.

오늘날도 마찬가지입니다. 수많은 이들이 예수의 이름을 부르고, 복음을 전한다고 하지만 그 복음에는 고난도, 자기부인도, 십자가도 없습니다. 윤리적이고 도덕적인 가르침, 긍정적인 사고방식, 잘 살아보자는 메시지는 넘치지만, 그 안에 예수 그리스도는 없습니다. 이로 인해 사람들은 생명이 아니라 멸망으로 나아가게 됩니다. 예수님은 바로 이런 교훈과 가르침이 넓은 문이며, 많은 이들이 그 길로 들어간다고 하셨습니다.

거짓 선지자들의 실체

예수님 당시뿐 아니라 초대교회 시대, 그리고 오늘날까지 수많은 거짓 선지자와 거짓 교사들이 성경을 인용하여 사람들을 미혹시키고 있습니다. 그들은 하나님의 계명을 인간의 전통과 교훈으로 바꾸어 전하며, 그 결과 그리스도는 사라지고 윤리와 도덕, 인간적인 말만 남게 됩니다. 그들의 가르침에는 참된 생명, 곧 예수 그리스도가 없습니다.

[거짓 선지자와 참된 교사 비교]

구분	거짓 선지자	참된 교사
중심 메시지	인간의 교훈, 전통	그리스도 중심의 복음
열매	멸망, 오염	생명, 회복
접근 방식	듣기 좋은 말, 쉬운 길	회개와 자기부인의 길
종착점	멸망의 길(넓은 문)	생명의 길(좁은 문)

바울의 경고: 다른 복음의 위험성

사도 바울도 갈라디아서 1장 6절에서 "너희가 그리스도의 은혜로 너희를 부르신 이를 이같이 속히 떠나 다른 복음을 따르는 것을 내가 이상히 여기노라"고 하며 심각하게 경고합니다. 그는 "다른 복음"을 전하는 자는 저주를 받을 것이라고 말합니다.

여기서 말하는 '다른 복음'은 헬라어로 '헤테로스 유앙겔리온'입니다. 이 단어는 단순한 다른 종류가 아니라, 질적으로 완전히 다른 것, 즉 본질적으로 이질적인 복음을 의미합니다 이는 예수 그리스노의 복음이 아닌, 전혀 다른 내용과 목적을 가진 가르침입니다.

또한 고린도후서 11장에서 바울은 하와가 뱀에게 미혹된 것처럼, 성도들도 쉽게 미혹될 수 있음을 경고합니다. 그는 거짓 교사들이 들어와서 '다른 예수', '다른 복음', '다른 영'을 전하고 있다고 밝히며, 성도들이 그것을 너무도 쉽게 받아들이는 것을 안타까워합니다.

헬라어 분석: "헤테로스 유앙겔리온"

‘다른 복음’이라는 표현에 사용된 헬라어 ‘헤테로스’(다른)는 단순한 대체가 아닌 질적으로 전혀 다른 것을 의미합니다. 이는 곧 예수가 아닌 다른 존재를 중심으로 한 가르침이며, 그 결과는 오염, 타락, 멸망입니다.

교회의 본질: 마르튀스의 공동체

바울이 사용한 헬라어 ‘메타티데미’($\mu\epsilon\tau\alpha\tau\acute{\iota}\theta\eta\mu\iota$)는 ‘옮기다’, ‘바꾸다’라는 뜻으로, ‘그리스도의 은혜 안에서 너희를 부르신 이로부터 다른 복음으로 옮겨졌다’는 말은 단순히 다른 교회를 다니는 정도가 아니라, 복음의 본질을 완전히 떠난 것을 뜻합니다.

그리스도께서 피 흘려 세우신 교회는 ‘에클레시아’입니다. ‘불러냄을 받은 자들’이라는 의미를 가진 이 단어는, 세상에서 그리스도 안으로 불러낸 자들의 공동체를 가리킵니다. 히브리어로는 ‘에다’라고 하며, 이는 ‘증인($\mu\acute{\alpha}\rho\tau\upsilon\varsigma$)의 공동체’를 뜻합니다. 그러므로 교회는 단순한 종교 조직이 아니라, 그리스도의 십자가와 부활의 증인이며, 자기 삶을 주님께 바친 자들의 공동체입니다.

참된 교회의 특징

- 정체성: 세상에서 불러내어 거룩하게 구별된 자

- 사명: 복음을 증언하며, 그리스도와 함께 고난을 받는 삶

- 삶의 방식: 나그네로서의 삶, 자기 부인의 길

사탄의 전략과 미혹

사탄은 단순한 공격자가 아니라, 철저하게 준비된 미혹의 전략가입니다. 하와를 속였던 그 지혜로 성도들을 미혹하며, '단순함($\dot{\alpha}\pi\lambda\acute{o}\tau\eta\varsigma$)'으로부터 떠나게 만듭니다. 'haplotes'는 헬라어로 '꼬이지 않은', '단순한'이라는 뜻을 가지고 있으며, 복음의 순수성을 의미합니다.

그러나 바벨론($\mathrm{B}\alpha\beta\upsilon\lambda\acute{\omega}\nu$; 혼합, 섞음)이라는 말이 암시하듯, 마귀는 언제나 섞고 혼합하고 꼬이게 만들어 진리를 흐립니다. 오늘날 복음이 오염되는 이유는 여기에 있습니다. 그리스도만으로 충분하다는 복음의 단순함 대신, 다른 것을 더하고 섞고 끌어들입니다.

좁은 문, 고난의 길

예수님께서 말씀하신 좁은 문은 단순히 어렵고 힘든 문이 아닙니다. 그것은 예수 그리스도 자신, 곧 생명의 문입니다. 그 문으로 들어가야만 아버지께 갈 수 있습니다.

그러나 이 문은 고난의 문이요, 지기부인의 문입니다. 예수님께서 걸어가신 그 십자가의 길이며, 세상의 미움과 조롱을 감수해야 하는 길입니다. 오직 믿음의 사람들만이 그 길을 갈 수 있습니다. 히브리서 11장이 증언하듯, 이들은 이 땅에서 나그네로 살며, 하늘 본향을 바라보고 살아가는 자들입니다.

[좁은 문과 넓은 문 비교]

구분	좁은 문	넓은 문
특징	고난, 자기부인, 십자가	안락함, 편리함, 듣기 좋은 말
상징	생명의 길	멸망의 길

대표	예수님의 가르침	바리새인의 전통
대상	나그네, 성도, 증인	종교인, 윤리주의자

결론: 분별의 지혜

마태복음 7장 15절 이후 주님은 거짓 선지자들에 대해 본격적으로 경고하십니다. 그들은 양의 옷을 입고 우리에게 다가오지만, 속은 영혼 사냥꾼인 이리들입니다. 외적으로는 똑같아 보이지만, 그들의 본질은 영혼을 뜯어먹는 자들입니다. 우리가 말씀과 성령 안에서 훈련되어 분별력을 갖추지 않으면 미혹될 수밖에 없습니다.

그러므로 우리는 단순한 외형적 신앙을 넘어서, 복음의 본질, 예수 그리스도와 함께 고난받는 길, 생명의 길을 분명히 붙들어야 하겠습니다.

24

열매로 분별하라

왜 열매로 분별해야 하는가?

예수님께서는 산상수훈의 결론 부분에서 거짓 선지자들에 대해 강력하게 경고하십니다. 그들은 겉으로는 양의 옷을 입고 있지만, 속은 노략질하는 이리와 같습니다. 이 말은 단지 외형적인 위장만을 의미하는 것이 아니라, 본질적인 정체성의 위장을 말하는 것입니다. 오늘날도 교회 안에는 선한 모습을 가장한 가짜 교사들이 존재하며, 우리는 무엇으로 이들을 분별할 수 있을까요?

바로 그들의 '열매'입니다. 여기서 말하는 열매란 단순히 사역의 성과나 외적인 결과물이 아니라, 그들의 입에서 나오는 '말', 곧 교리와 가르침, 신학적 내용입니다.

구분	외형	실제 정체
거짓 선지자	양의 옷	노략질하는 이리
참 선지자	말씀의 진리	그리스도의 증거

에피그노스데 – 확실히 알아라

'에피그노스데'($\epsilon\pi\iota\gamma\nu\acute{\omega}\sigma\epsilon\sigma\theta\epsilon$)는 미래 직설법이지만 명령적 뉘앙스를 강하게 담고 있습니다. 즉, '반드시 그들을 알아야 한다'는 강한 명령입니다. '너희는 반드시 그들을 열매로부터 알아야 한다'는 강조가 있습니다. 여기서 '열매'는 단순히 외형적 사역의 결과물이 아니라, 그들의 입술에서 나오는 말, 즉 가르침과 복음의 내용입니다.

[헬라어 '알다' 동사 비교]

헬라어	의미	용법	강조
기노스코	알다(경험적 인식)	일반적 앎	중간
에피기노스코	철저히 알다	심화된 인식	강함
에피그노스데	너희는 반드시 알게 될 것이다	명령적 미래	매우강함

'열매'의 실체 – 말의 열매

주님은 "그들의 열매로 그들을 알리라"고 말씀하셨습니다. 이는 단지 선행이나 전도의 숫자가 아니라, 말과 진리의 정체성입니다, $\sigma\upsilon\lambda\lambda\acute{\epsilon}\gamma\upsilon\upsilon\sigma\iota\nu$; 모으다)은 '쉰($\sigma\upsilon\nu$; 함께)'과 '레고($\lambda\acute{\epsilon}\gamma\omega$;말하다)'의 합성어입니다. 여기서 '말하다'라는 의미가 핵심입니다. 가시나무에서 포도를, 엉겅퀴에서 무화과를 따겠느냐는 질문은 곧 "악한 말에서 선한 진리가 나올 수 있겠느냐?"는 의미입니다.

열매 유형	상징	설명
포도	진리의 말씀	예수 그리스도의 복음
무화과	생명의 말씀	참된 교리와 복음

가시	저주의 말	거짓 복음, 비진리
엉경퀴	혼란의 말	왜곡된 가르침

구약과의 연결: 창세기 3장의 가시와 엉경퀴

창세기 3장 18절은 아담의 불순종으로 인해 땅이 저주를 받아 가시와 엉경퀴를 내게 되었다고 말합니다. 여기서 가시와 엉경퀴는 생명을 주는 식물이 아니라, 고통과 죽음을 상징합니다. 거짓 선지자들은 바로 이러한 열매를 맺는 자들입니다. 그들의 말은 생명을 주는 말씀이 아니라, 혼란과 파멸로 인도합니다.

히브리서 6장 7-8절: 경작되는 땅과 저주받는 땅

히브리서 6장 7-8절은 이 구절과 평행을 이룹니다. 비를 자주 받아 경작되어 먹을 것을 내는 땅은 하나님께 복을 받지만, 가시와 엉경퀴를 내는 땅은 결국 저주를 받아 불사름에 이릅니다. 열매의 본질이 그 땅의 정체를 결정하는 것입니다.

열매는 곧 입술의 열매 – 히브리서 13장 15절

"입술의 열매"란 찬미의 제사로서, 예수의 이름을 시인하는 증언입니다. '호모로게오'(ὁμολογέω)는 '같은 말(ὁμο)'과 '말하다(λογέω)'의 합성어로, 주님의 말씀과 동일한 말을 한다는 뜻입니다. 즉, 입에서 나오는 말이 진리를 증거하는가, 비진리를 말하는가가 곧 그 사람의 정체를 드러냅니다.

고린도후서 6장: 조화될 수 없는 진리와 거짓

의와 불법, 빛과 어둠, 그리스도와 벨리알이 함께 할 수 없듯이, 참된 교리와 거짓 교리는 한 입에서 동시에 나올 수 없습니다. 술레고(함께 모으다)는 함께 말을 한다는 의미를 내포하며, 이 구절은 거짓 교사들이 참된 말과 거짓된 말을 섞는 행위를 경고합니다.

계시록의 교훈: 입에서 나오는 영

계시록 16장 13절에서 거짓 선지자들의 입에서 개구리 같은 더러운 영들이 나옵니다. 이 영들은 말입니다. 요한복음 6장 63절에서 예수님은 "내가 너희에게 이른 말이 곧 영이요 생명이라"고 하셨습니다. 말이 곧 영이며, 생명 또는 죽음을 드러냅니다.

참된 말씀이냐, 가짜 말씀이냐

말씀이 주님께로부터 온 것이라면, 반드시 진리를 증거합니다. 그러나 거짓된 영, 즉 마귀로부터 나온 말은 신성모독, 훼방, 왜곡된 진리를 드러냅니다. 그 열매는 혼합되어 있지 않으며 반드시 한 입에서 한 말만 나옵니다. 그러므로 우리는 입술의 열매를 통하여 분별해야 합니다.

말씀과 행함의 일치 – 예수의 삶과 말씀

예수님은 말씀과 일치된 삶을 사셨고, 자신의 말을 믿지 못하겠거든 그가 하시는 일을 보고라도 믿으라고 하셨습니다. 주님께는 말씀과 행함의 간극이 없습니다. 우리 또한 입으로 그리스도의 말씀을 증거하고, 삶으로 그 말씀을 따라 살아갈 때 진정한 열매를 맺는 것입니다.

결론: 선한 말, 선한 삶, 그리고 분별

　결국 거짓 선지자들을 분별할 수 있는 기준은 그들의 '열매', 즉 그들의 입에서 나오는 말입니다. 아무리 외적으로 선행이 있고 삶이 경건해 보일지라도, 그 입에서 그리스도의 동일한 말씀이 나오지 않는다면 그는 거짓된 영을 따르는 자일 수 있습니다. 그러므로 우리는 진리의 말씀 안에서 분별력을 가지고 거짓 영(악한 영)을 분별해야 하며, 무엇보다도 자신이 진리의 열매를 맺는 자인지도 돌아보아야 합니다.

참된 신앙과 거짓 선지자의 분별

우리는 오늘날 수많은 가르침 속에서 무엇이 진리인지, 누구의 말을 따라야 하는지 분별하기 어려운 시대에 살고 있습니다. 마태복음 7장의 말씀은 거짓 선지자와 참된 신자의 구분에 대한 예수님의 강력한 경고이며, 이 말씀을 통해 우리는 신앙의 본질과 하나님의 뜻을 더욱 분명히 이해할 수 있습니다.

좁은 문과 넓은 문 – 교훈의 출처로 본 생명과 멸망의 길

좁은 문은 예수 그리스도의 생명과 말씀, 곧 진리의 교훈을 상징합니다. 이 길은 좁지만 생명으로 인도하며, 예수님의 가르침을 따라 사는 자들의 길입니다. 반면 넓은 문은 바리새인들과 같은 당시 종교 지도자들의 인간적인 해석과 전통, 그리고 오늘날의 거짓 교사들이 왜곡된 복음을 전하는 것을 의미합니다.

넓은 문은 겉보기에는 관대하고 쉬운 길처럼 보이지만, 결국 멸망으로 이끄는 문입니다. 예수님께서는 분명하게 좁은 문으로 들어가라고 명하셨고, 이것은 진리의 말씀이 인도하는 좁고 험한 길일지라도, 그 길 끝에는 생명이 있다는 사실을 우리에게 가르쳐 주고 계십니다.

열매로 그들을 알리라 – 말과 행실을 통한 분별(마 7:16-20)

참 선지자와 거짓 선지자는 그들의 열매로 분별됩니다. 여기서 말하는 열매란 단지 도덕적인 행위만을 뜻하지 않고, 그 입술에서 나오는 말과 가르침, 교훈까지 포함됩니다. 예수님은 "좋은 나무는 좋은 열매를 맺고, 못된 나무는 나쁜 열매를 맺는다"고 말씀하셨습니다.

선한 나무는 반드시 선한 열매를 맺고, 악한 나무에서는 결코 좋은 열매가 나올 수 없습니다. 우리가 접하는 말씀과 교훈이 진리인지 아닌지를 알기 위해서는 그 열매를 반드시 점검해야 합니다.

주여, 주여 한다고 다 천국에 들어가는 것이 아닙니다(마 7:21)

예수님께서는 "나더러 주여, 주여 하는 자마다 다 천국에 들어갈 것이 아니요"라고 단언하십니다. 여기서 강조되는 것은 단순한 입술의 고백이 아니라, 실제로 하나님의 뜻을 행하는 자만이 천국에 들어간다는 점입니다.

하나님께 순종하지 않는 종교적 열심은 공허합니다. 예수님의 이름을 수차례 부르더라도, 그 삶 속에 하나님의 뜻을 향한 실천이 없다면 천국과는 무관한 인생이 될 수밖에 없습니다.

하나님의 뜻은 무엇인가?(요 6:39)

요한복음 6장 39절에서 예수님은 명확하게 하나님의 뜻을 선포하십니다. 그것은 바로 "내게 주신 자 중에 하나도 잃어버리지 아니하고, 마지막 날에 다시 살리는 것"입니다.

하나님의 뜻은 기적을 보여주거나 대중의 인정을 받는 것이 아닙니다. 오직 죽은 자를 살리는 일, 곧 복음을 통하여 죽은 영혼을 다시 살아나게 하는 것이 하나님의 뜻입니다.

거짓 선지자의 특징(마 7:22-23)

예수님께서는 마지막 날에 많은 사람들이 "주의 이름으로 예언하고 귀신을 쫓고 많은 권능을 행했다"고 말할 것이라고 경고하셨습니다. 그러나 예수님은 그들에게 단호하게 말씀하십니다. "나는 너희를 도무지 알지 못하니, 불법을 행하는 자들아 내게서 떠나가라."

이 구설은 우리에게 충격을 줍니다. 겉으로는 신령한 자로 보이고, 능력이 있어 보였던 자들이 오히려 주님께 외면당한다는 것입니다. 그 이유는 그들이 하나님의 뜻과 무관한 자기 의와 목적을 따라 일했기 때문입니다.

불법의 본질 – 성령 없이 말하는 자들

불법은 단지 법을 어기는 것을 넘어섭니다. 성경이 말하는 불법은 하나님의 뜻에 어긋나는 모든 행위를 포함합니다. 성령의 조명 없이 자기 생각과 경험, 세상의 철학이나 심리학적 접근으로 하나님의 말씀을 대체하려

할 때, 그것은 생명을 죽이는 일이며 불법입니다.

이들은 스스로 선지자요 교사라고 하지만, 실상은 영혼을 살리는 것이 아니라 죽이는 자들입니다.

'예수의 이름으로'(τῷ σῷ ὀνόματι) vs. '예수의 이름 안에서'(ἐν τῷ σῷ ὀνόματι)

거짓 교사들은 예수님의 이름을 수단이나 도구로 사용합니다. 그들은 이름의 권세를 도구삼아 기적을 행하고 예언을 하지만, 실제로 그분과 하나 되어 그분 안에 거하는 자들은 아닙니다. 반면 참된 신자는 예수님의 이름 안에 거하며, 그분과 연합된 삶을 살아갑니다.

[예수님의 이름에 대한 태도]

구분	거짓 교사	참된 신자
사용 방식	이름을 수단으로 이용	이름 안에 거함
행위 목적	자기 명예, 영향력	복음 전파, 영혼 구원
하나님과의 관계	외적 관계, 수단적 접근	인격적 관계, 내적 연합

오순절의 혀 – 하늘의 언어를 받은 자들

사도행전 2장에서 성령께서 임하실 때, 불의 혀처럼 갈라지는 것이 제자들 위에 임했습니다. 이는 하늘의 언어, 즉 하나님의 말씀을 담은 새 혀를 받은 사건입니다. 그들은 그때부터 자신들의 생각이 아니라, 하나님의 뜻과 복음을 선포하는 자들로 변화되었습니다.

우리는 이 사건을 통해, 참된 말씀의 전달은 성령으로 말미암아 주어지는 것임을 확인합니다. 성령이 주시는 혀를 받지 못한 자는 하늘의 말씀을 말할 수 없습니다.

마지막 날의 심판 – 불법을 행한 자들에 대한 선언

마지막 날, 주님 앞에 선 사람들 중에는 자신이 했던 사역을 근거로 당당히 말하는 자들이 있을 것입니다. 그러나 예수님은 그들을 향해 단호하게 말씀하십니다. "나는 너희를 도무지 알지 못한다."

진정한 구원은 겉으로 드러난 행위나 업적이 아닌, 하나님과의 참된 관계에서 나오는 것입니다. 하나님 뜻을 깨닫고 그것을 행하는 삶, 그것이 구원의 기준입니다.

결론 – 하나님의 뜻 안에 거하는 자

하나님의 뜻은 죽은 자를 살리는 것입니다. 성령의 조명을 받아 말씀을 바르게 깨닫고, 그 말씀을 전함으로써 우리는 그 뜻을 이루게 됩니다. 참된 신앙은 예수님의 이름을 도구처럼 사용하는 것이 아니라, 그 이름 안에 거하여 그분의 뜻을 따라 살아가는 삶입니다.

오늘 우리가 듣고 전하는 말씀은 과연 생명을 살리는 말씀입니까? 우리의 혀는 참된 하늘의 혀입니까? 하나님의 뜻을 따라 사는 자만이 마지막 날, 주님 앞에 설 수 있습니다.

나는 너희를 도무지 알지 못하노라

²¹나더러 주여 주여 하는 자마다 다 천국에 들어갈 것이 아니요 다만 하늘에 계신 내 아버지의 뜻대로 행하는 자라야 들어가리라 ²²그 날에 많은 사람이 나더러 이르되 주여 주여 우리가 주의 이름으로 선지자 노릇 하며 주의 이름으로 귀신을 쫓아 내며 주의 이름으로 많은 권능을 행하지 아니하였나이까 하리니 ²³그 때에 내가 그들에게 밝히 말하되 내가 너희를 도무지 알지 못하니 불법을 행하는 자들아 내게서 떠나가라 하리라 (마 7:21-23)

진리와 거짓이 혼재된 시대

오늘날 우리는 수많은 종교적 가르침과 설교들 속에서 살아가고 있습니다. 외형적으로는 모두 예수의 이름을 말하고, 복음을 언급하지만 그 안에 담긴 내용은 천차만별입니다. 어떤 말이 생명을 살리는 복음인지, 어떤 설교가 영혼을 죽이는 가르침인지 분별하기란 쉽지 않습니다.

예수님께서는 마태복음 7장에서 거짓 선지자들에 대해 강력히 경고하시며, 참과 거짓을 가르는 분별의 기준을 말씀하셨습니다. 이 장은 단순한 윤리적 교훈이 아니라, 생명과 멸망을 가르는 경계선이며, 하나님의 뜻에 합당한 삶이 무엇인지를 명확하게 보여주는 선언입니다.

좁은 문과 넓은 문 – 생명과 멸망의 갈림길

예수님은 좁은 문으로 들어가라고 명하셨습니다. 이 좁은 문은 바로 그분 자신이며, 진리의 말씀을 따르는 삶을 뜻합니다. 이 길은 험하고 협소해 보이지만 결국 생명으로 인도합니다. 반면 넓은 문은 바리새인들처럼 인간의 전통과 왜곡된 복음을 따르는 자들의 길로, 많은 사람이 걸어가지만 결국 멸망에 이르게 됩니다.

좁은 문으로 들어가라. 멸망으로 인도하는 문은 크고 길이 넓어 그리로 들어가는 자가 많고, 생명으로 인도하는 문은 좁고 길이 협착하여 찾는 이가 적음이라(마 7:13-14)

이 말씀은 단지 종교적 태도의 선택 문제가 아니라, 진리의 말씀과 거짓된 비진리 해석 사이의 구분을 의미합니다.

열매로 분별하라 – 선지자의 본질을 가리는 기준

예수님은 거짓 선지자를 경계하라 하시며, 그들을 "양의 옷을 입은 이리"라고 비유하셨습니다. 외모나 언어만으로는 참과 거짓을 구분할 수 없기 때문에, 주님은 "그들의 열매로 알리라"고 하셨습니다.

이 열매란 단지 도덕적인 행위만을 의미하지 않습니다. 그 입에서 나오는 가르침, 교훈의 내용, 그리고 그 가르침이 가져오는 영향까지 포함됩니다. 어떤 말은 사람의 마음을 고무하지만, 정작 하나님과 멀어지게 합니다. 반면 진리의 말씀은 때로 거슬리지만, 영혼을 살리고 회개에 이르게 합니다.

좋은 나무마다 아름다운 열매를 맺고, 못된 나무는 나쁜 열매를 맺나니(마 7:17)

[좋은 나무 vs 나쁜 나무]

구분	좋은 나무	나쁜 나무
가르침	복음 중심, 성경적 해석	자기중심, 왜곡된 복음
결과	회개와 생명	혼란과 멸망
근원	성령의 조명	인간의 의지 또는 사상

'주여, 주여'의 허상 – 신앙 고백과 실천의 간극

예수님은 이어서 "나더러 주여, 주여 하는 자마다 다 천국에 들어가는 것이 아니요, 아버지의 뜻대로 행하는 자라야 들어가리라"고 말씀하셨습니다. 이것은 충격적인 경고입니다. 단순히 예수님의 이름을 부르고, 외적인 신앙 행위를 했다고 해서 자동으로 천국에 들어가는 것이 아니라는 것입니다.

참된 신자는 단지 입술로만 고백하는 자가 아니라, 하나님의 뜻을 행하는 자입니다. 이 뜻은 단순한 도덕적 순종이 아니라, 하나님이 주신 복음 사역에 참여하고 그 말씀에 순복하는 삶을 의미합니다.

하나님의 뜻은 생명을 살리는 일이다

요한복음 6장 39절에서 예수님은 하나님의 뜻에 대해 명확히 말씀하십니다.

하나님의 뜻은 단지 종교적 열심이나 이적을 행하는 것이 아니라, 잃어버린 자를 찾아 다시 살리고, 복음을 통해 생명을 회복시키는 일입니다. 진정한 사역은 사람을 변화시키고, 죄에서 건져 하나님의 자녀로 세우는 일입니다.

불법을 행하는 자들 – 성령 없이 행한 사역의 결말

예수님께서는 마지막 날, 많은 이들이 "주의 이름으로 예언하고, 귀신을 쫓고, 권능을 행했다"고 말하겠지만, 그들에게 "나는 너희를 도무지 알지 못하노라"고 선언하십니다. 그 이유는 그들의 사역이 하나님의 뜻과 무관했기 때문입니다.

불법은 단순히 율법을 어긴다는 의미가 아닙니다. 하나님께 묻지 않고, 성령 없이 자기 뜻과 계획으로 행한 모든 것이 불법입니다. 아무리 크고 능력 있어 보이는 사역이라도, 하나님이 시키지 않으셨다면 그것은 불법이며 결국 주님의 인정을 받지 못하게 됩니다.

'예수의 이름으로' vs. '예수의 이름 안에서'

거짓 교사들은 "예수의 이름으로" 능력을 사용합니다. 그러나 예수님과의 연합 없이 그 이름을 수단처럼 사용하는 것은 본질적으로 위험합니다. 반면 참된 신자는 "예수의 이름 안에 거하며", 그분과 연합된 삶을 살아갑니다.

[이름의 사용 방식 차이]

구분	이름으로	이름 안에서
위치	외부적 도구	내적 연합
태도	능력 도용	인격적 순종
결과	배척	인정

오순절과 하늘의 혀 – 성령이 주신 말의 권세

사도행전 2장에서 성령이 임하실 때, 제자들은 "불의 혀처럼 갈라지는 것"을 받고, 하늘의 언어로 말씀을 전하게 되었습니다. 이는 단지 방언을 말하는 사건이 아니라, 이전과 전혀 다른 권세와 메시지를 선포하는 혀를 주신 것입니다. 이들은 더 이상 자기 생각을 말하지 않고, 하나님이 주시는 생명의 말씀을 전하게 되었습니다.

오늘날의 교사도 마찬가지입니다. 하나님의 뜻을 전하는 자는 성령이 주시는 혀를 가지고 하늘의 말씀을 전해야 하며, 그렇지 않으면 사람의 철학과 사상을 퍼뜨리는 불법의 도구가 될 수 있습니다.

마지막 날의 선언 – 관계 없는 자에게는 '도무지 알지 못한다'

예수님의 선언은 충격적입니다. 능력을 행하고 예언을 전했다는 자들에게 "나는 너희를 도무지 알지 못한다"고 말씀하십니다. 이들은 이름을 말했고, 사역도 했지만, 그분과의 관계가 없었습니다. 진정한 구원은 능력이나 행위로 판단되지 않고, 예수님 안에 거하느냐에 달려 있습니다.

예수님 안에 거하는 신앙

예수님의 이름을 사용하는 삶이 아니라, 그 이름 안에 거하는 삶이 진정한 신앙입니다. 하나님의 뜻을 알고 그 뜻대로 살아가는 자, 성령의 조명을 받아 생명의 말씀을 전하는 자, 자기 의가 아니라 그리스도의 뜻에 순복하는 자만이 마지막 날, 주님 앞에 설 수 있습니다.

오늘 우리에게 던지는 질문은 명확합니다.

나는 생명을 살리는 진리를 따르고 있는가?
내 입술의 혀는 성령이 주신 혀인가?
나는 그분의 이름 안에 거하고 있는가?

반석위에 세워진 교회란?

지난 시간에 어떤 목사님께서 이 부분을 함께 공부했으면 좋겠다고 하셔서, 오늘은 그에 대해 함께 살펴보고자 합니다. 마태복음 16장의 "이 반석 위에 내 교회를 세우리라"는 말씀에서 '페트로스(Πέτρος)'와 '페트라(πέτρα)'의 의미 차이에 대한 깊은 고찰이 필요합니다.

헬라어의 두 단어: 페트로스와 페트라

먼저 헬라어를 보면, '페트로스'는 님싱 단수형으로 베드로라는 이름입니다. 이 이름 자체가 '작은 돌', '조약돌' 정도의 의미를 가지고 있습니다. 반면 '페트라'는 여성 단수형으로, 흔들릴 수 없는 크고 단단한 '반석'을 가리킵니다. 예수님께서 "이 반석 위에 내 교회를 세우리라"고 하신 말씀에서 사용된 단어는 바로 '페트라'입니다.

이 차이는 단지 문법적 형태의 차이가 아니라, 신학적으로도 매우 깊은 함의를 지니고 있습니다. 예수님은 단순히 베드로라는 인물 위에 교회를 세우겠다는 것이 아닙니다. 여성명사인 '반석'(πέτρα) 위에 내 교회를 세

우리라고 하신 것입니다.

고린도전서 10장과 반석: 그 반석은 그리스도라

고린도전서 10장 4절을 보면 더 분명해집니다. "그 반석은 곧 그리스도시라"는 말씀이 나옵니다. 헬라어 원문에서도 분명히 여성명사인 '페트라'를 사용하고 있습니다. 이 반석은 예수 그리스도를 가리킵니다. 구약 성경에서도 '모퉁이돌', '건축자가 버린 돌', '반석'은 일관되게 예수 그리스도를 예표합니다.

그런데 오늘날 개역개정, 개역한글, 심지어 여러 영어 성경들도 이 구절을 "그들을 따르는 반석"이라고 번역하고 있습니다. 그런데 헬라어 원문에는 그 '그들'이라는 목적어, 즉 '아우투스'가 없습니다.

[고전 10:4의 번역 문제]

바른 번역	잘못된 번역해석
그들이 따르는 영적인 반석에서 마셨다	그들을 따르는 반석 (오해 발생)

이 문장에서 주어는 '그들'(이스라엘 백성들), 동사는 '마셨다', 전치사구는 '영적인 반석에서'입니다. 그런데 "그들을 따르는 반석"이라는 번역은, 마치 그리스도께서 백성들을 따라다니는 존재인 것처럼 오해하게 만듭니다.

구약과 신약에서의 동일한 패턴: 하나님이 앞서 가신다

성경 전체에서 하나님은 언제나 앞서 가십니다. 대표적인 예가 민수기 10장 33절입니다. 언약궤가 백성들보다 앞서 삼일길을 행하며 그들의 쉴

곳을 찾았다고 되어 있습니다. 여호수아 3장에서도 제사장들이 법궤를 메고 백성들 앞에서 요단강을 먼저 건넜습니다.

요한복음 10장에서도 예수님은 선한 목자로서 양보다 앞서 가신다고 하셨습니다. 팔레스타인의 목축 문화에서는 목자가 앞에서 인도하고, 양들은 그 음성을 따라갑니다. 서양 목축 문화와는 정반대입니다.

이 모든 구조는 명확하게 말합니다. 그리스도는 백성보다 앞서 가시며, 백성은 그분을 따릅니다. 그러므로 고린도전서 10장 4절은 정확히 "그들이 따르는 반석"이라고 번역되어야 하며, 결코 반석이 백성을 따르는 구조가 되어서는 안 됩니다.

베드로의 고백과 그의 실수: 하나님의 계시와 인간의 연약함

마태복음 16장에서 베드로는 위대한 신앙고백을 합니다. "주는 그리스도시요 살아 계신 하나님의 아들이시니다." 그런데 곧 이어 예수님께서 예루살렘에서 고난받고 죽으실 것을 말씀하시자, 베드로는 그 말씀을 붙잡고 "결코 그런 일이 일어나시 않도록 하옵소서"라고 말합니다.

예수님의 반응은 단호하셨습니다.

사탄아 내 뒤로 물러가라. 너는 나를 넘어지게 하는 자로다

[신앙고백과 실제 반응의 차이]

고백	실제 반응
주는 그리스도시요 살아 계신 하나님의 아들이시니다	그리 마옵소서, 결코 그런 일이 주께 미치지 아니하리이다

이는 단지 베드로 개인의 실수라기보다, 인간의 연약함과 육신의 생각이 얼마나 쉽게 하나님의 뜻을 막을 수 있는지를 보여주는 사건입니다. 이처럼 같은 입에서 하나님을 향한 고백과 사탄의 말이 동시에 나올 수 없습니다.

고린도후서와 마태복음의 연계: 선한 나무와 열매의 논리

고린도후서 6장 14절에서는 믿는 자와 믿지 않는 자, 의와 불법, 빛과 어둠이 함께할 수 없다고 분명히 말합니다. 마태복음 7장에서도 좋은 나무는 좋은 열매를 맺고, 나쁜 나무는 나쁜 열매를 맺는다고 하셨습니다. 하나의 나무에서 두 종류의 열매가 맺힐 수 없습니다.

그러므로 베드로의 입술에서 나온 두 말–하나는 신앙고백이고 하나는 불신의 언어–는 우리에게 중요한 메시지를 줍니다. 하나님의 계시는 주님의 주권에 따라 임하며, 인간은 그 도구가 될 뿐입니다.

교회란 누구인가: 건물이 아닌 사람

예수님께서 "이 반석 위에 내 교회를 세우리라"고 하신 그 '교회'는 단순한 건물을 말하지 않습니다. 고린도전서 1장 2절은 이렇게 설명합니다. "고린도에 있는 하나님의 교회 곧 그리스도 예수 안에서 거룩하여지고 성도로 부르심을 받은 자들." 교회는 바로 그리스도 안에서 부름받은 사람들입니다.

히브리어로는 '에다('edah)'라고 하며, 이는 '증인들의 공동체'라는 뜻입니다. 헬라어로는 '마르튀스(μάρτυρες)', 즉 증인, 순교자를 뜻하는 말이죠. 참된 교회는 예수 그리스도를 증거하며, 그분을 위해 죽기까지 따르는 사람들의 공동체입니다.

천국 열쇠는 누구에게 주어졌는가?

예수님께서 천국 열쇠를 주신 대상은 베드로 개인이 아니라, 그리스도 안에 있는 교회 공동체입니다. 계시록 1:18에서는 예수님께서 사망과 음부의 열쇠를 가지고 계신다고 말씀하십니다. 그리고 마태복음 16장에서는 그 권세를 교회에게 위임하십니다.

[교회와 권세의 관계]

예수님 소유	교회 위임
하늘과 땅의 모든 열쇠(마 28:18, 계 1:18)	매고 푸는 권세(마 16:19)

교회는 그리스도의 권세 아래에 있는 자들이며, 그분과 연합된 지체입니다. 그러므로 우리가 그리스도 안에 있을 때에만, 그 권세와 능력을 누릴 수 있습니다.

진정한 반석 위에 세워진 교회

이처럼 마태복음 16장과 고린도전서 10장의 말씀은 단지 문법적 해석을 넘어서, 성경 전체를 통합적으로 이해하는 신학적 안목을 요구합니다. 반석은 바로 예수 그리스도 자신이시며, 교회는 그분 안에서 거룩하게 된 자들의 모임입니다.

우리가 진정으로 반석 위에 세워진 교회를 이루기 위해서는, 그리스도

를 정확히 알고, 그의 말씀을 바르게 이해하며, 그분을 따르는 삶을 살아
야 하겠습니다.

이것이 오늘 말씀의 핵심이며, 목회자와 성도 모두가 붙들어야 할 진리
라 하겠습니다.